世界と比べてわかる

日本の貧困のリアル

石井光太

PHP文庫

○本表紙図柄＝ロゼッタ・ストーン（大英博物館蔵）
○本表紙デザイン＋紋章＝上田晃郷

はじめに

――日本は先進国の中で**ワースト四位の貧困国**である。

そう言われて、日本の貧困が開発途上国のそれとどのように違い、いかなる問題を生んでいるのかをすぐに答えられる人はほとんどいないのではないだろうか。

メディアはこれまで日本の貧困について数多くの報道をしてきた。日本人の六人に一人が貧困、生活保護受給者数が二〇〇万人超、若者のネットカフェ難民、身寄りのない人の孤独死、外国人に買われる日本の不動産……。こうしたニュースを聞いたことのない人はいないだろう。

世界第三位のＧＤＰ（国内総生産）を誇る日本が、同時に先進国ワースト四位の貧困大国になっているとは、どういうことなのか。

日本の社会を見回しても、途上国のように見渡す限りバラックが密集するスラムが広がっているわけでもなければ、栄養失調でお腹《ふく》が膨らんだストリートチルドレンが道端にすわり込んでいるわけでもない。

また、役所の掲示板やネットを調べれば、生活困窮者への支援は山ほど用意されている。こども食堂、無料学習塾、ホームレス支援、就職支援、児童手当、生活保護など、民間団体から公的機関までが用意しているセーフティーネットは広い。

そのように考えると、大多数の人がイメージする「貧困」と、日本の現状に少なからずギャップを感じるかもしれない。

——途上国に比べれば、日本なんてまだまだ豊かだ。

そんな意見を持っている人も少なくないはずだ。だからこそ、日本が貧困大国と言われても、わかったようなわからないような気持ちになる。

結論を先に言おう。

貧困という言葉は同一であっても、日本の貧困は途上国のそれとはまったく形態が異なるのだ。

「生活が豊か」という言葉であっても、幸せの国と呼ばれるブータンでいうそれと、日本でいうそれとは意味が異なるだろう。前者の豊かさとは精神的な意味であり、後者は経済的な意味だ。

これと同じように、日本と途上国では貧困の概念が別物なのである。

そもそも、両者では貧困を測る尺度からして違う。

途上国の貧困は、**「絶対的貧困」**という基準で示される。世界銀行が定めたものであり、**一日当たり一・九ドル以下**で暮らしている状態を示す。

絶対的貧困は、人間がどうにか生存していけるレベル、あるいはそれ以下の生活だ。一日に二食以下で、貯蓄はほぼなく、医療にアクセスするのも困難で、安全に寝起きする場所がないような暮らしである。

UNDP（国連開発計画）によれば、世界には絶対的貧困に当たる人が七億三六〇〇万人もいるとされている。このうちの八五％が、サハラ以南のアフリカや南アジアに暮らす人々だ。

他方、日本のような先進国では、貧困は**「相対的貧困」**という基準によって示される。日本は途上国と比べて物価が高いため、一・九ドル以下では生存できないので、別の算出の仕方をするのだ。

相対的貧困は、**等価可処分所得（一世帯の可処分所得を世帯人数の平方根で割った数値）が全人口の中央値の半分未満**とされているので、今の日本では**単身所得年収が一二七万円以下**だ。

日本で相対的貧困に当たる人の数は、**約二〇〇〇万人**。つまり、国民の一五・七％（六人に一人）が貧困層なのである。子供だけに絞れば、七人に一人。片親家庭だと、二人に一人がそれに当たる。

世界ワースト四位の貧困国とされるのは、日本の相対的貧困率がイスラエル、アメリカ、韓国に次いで四番目に高いからなのだ。

貧困を測る尺度についてはわかっていただけたかと思う。ただ、これはあくまで数字の話だ。

日本の貧困の実態を本質的なところで理解するには、統計だけでなく、むしろその裏にあるリアルに目を向ける必要がある。日本の生活困窮者がどんな状況に置かれていて、どんな困難を抱えているかを知らなくてはならない。

おそらく大方の日本人が持っている日本の貧困のイメージは、途上国のそれと似ているのではないだろうか。仕事にあぶれ、食べるものもなく、汚れたみすぼらしい格好をしているような印象だ。

しかし、同じ貧困であっても概念が違う以上、日本の生活困窮者が抱えている事情や困難は、途上国のそれとは同一ではない。たとえば、日本の公立の小学校には富裕層から貧困層まで様々な階層の子供が通っているが、途上国の小学校には富裕層なら富裕層、貧困層なら貧困層しかいない。あるいは、日本のホームレスは高齢の単身者ばかりだが、途上国の路上生活者のほとんどが家族連れだ。こうした違いが生まれるのは、日本と途上国とで貧困の形態が別物だからだ。

日本の貧困がどういったものかを知るには、まず途上国の貧困と何が違うのかを認識しなければならない。日本の貧困には日本特有の現象がある。それを浮き彫りにすることが、日本が抱えている状況や社会問題を理解することになる。

これまで私は世界の貧困の現場から日本の貧困の現場まで、おおよそ二十年にわたって取材をしてきた。途上国ではアジア、中東、アフリカ、南米など多くのスラムで実際に生活をするという経験をしてきた。本書ではそこで得た具体的な逸話をたくさん示そうと思う。

日本が瀕《ひん》している数多《あまた》の社会課題は、ほとんど貧困と関係している。逆にいえば、貧困を知れば、日本社会のいびつさが見えてくる。

私たちの社会の根底で何が起きているのか。

日本をこれ以上地盤沈下させないためにも、世界との比較の中でリアルな日本の姿を把握してほしい。

図版――桜井勝志

本書は、2014年４月に刊行された『世界「比較貧困学」入門』（ＰＨＰ新書）を改題し、大幅に加筆・修正したものである。

世界と比べてわかる**日本の貧困のリアル**

目次

第一章 住居
コミュニティー化するスラム、孤立化する生活保護世帯

第二章

路上生活

家族と暮らす路上生活者、切り離されるホームレス

第三章

教育

話し合う術をもたない社会、貧しさを自覚させられる社会

第四章

労働

危険だが希望のある生活、保障はあるが希望のない生活

第五章

結婚

子供によって救われるか、破滅するか

第六章

犯罪

生きるための必要悪か、刑務所で人間らしく暮らすか

第七章

食事

階層化された食物、アルコールへの依存

第八章

病と死

コミュニティーによる弔い、行政による埋葬

第一章

住居

コミュニティー化するスラム、孤立化する生活保護世帯

途上国 過密状態のスラムでの暮らし

生活環境は、人の暮らしの基盤だ。その良し悪しによって、人生は素晴らしいものにもなれば、そうでないものにもなる。

生活環境の二大要素は、住居と人間関係である。しっかりした住居に暮らしている人は災害や感染症から身を守れるし、家族や地域のコミュニティーとの関係が良好な人は他者と協力し合って困難を乗り越えることができる。生活が成り立つには、この両輪が機能する必要がある。

しかし、貧困はそうした生活環境に悪影響をもたらし、住居や人間関係を劣悪なものにする。ただし、途上国なのか先進国なのかによって、貧困が及ぼす影響はまるで異なるものになる。まったく別の貧困問題として表出するのだ。本章では、生活環境を軸に、途上国と日本の貧困の違いを考えていきたい。

まず、途上国の住居について見ていこう。**途上国の都市が日本と異なるのは、経済的な階層によって居住地区がはっきりと区分されること**だ。ケニアの首都ナイロビを例にとってみよう。

ナイロビは東アフリカを代表する都市であり、四〇〇万人以上の人々が暮らしている。町の中心部である高層ビルが連なる地区は「**タウン**」と呼ばれ、官庁街の他に、有名な外資系企業、国連機関、高級ブランドショップなどが集まっている。

タウンにあるレストランやホテルは、銃を持った制服の警備員に守られ、物価は日本より高いと感じるほどだ。道行く人の大半はエリート層であり、高級スーツに身を包んでグローバルなビジネスを手掛けている。通りを行き交うのはＢＭＷやランドローバーといった高級車ばかりだ。

日が傾く午後五時頃になると、タウンの人々は一斉に仕事を終え、ウエストランドという高級住宅地へと帰っていく。どの邸宅も高い塀に囲まれ、何人もの家政婦や警備員を雇っている。植木はきれいに整えられ、ドッグランやプールを併設している家もある。

一方、タウンを取り巻くようにして広がるのが、商売人など庶民が暮らす「**ダウンタウン**」と呼ばれる地域だ。商店街には商店、食堂、町工場、アパートが林立し、大勢の人たちでごった返して活気にあふれている。

ここに暮らす人々は、町工場の従業員や、個人商店の店主、学校や消防署で働く公務員といった中流階級だ。収入は月に数万円といったところで、集合住宅に住んでいる人も多い。

ダウンタウンの商売は、後で見るようなスラムの住民たちによって支えられている面がある。毎朝スラムから大勢の人がやってきてダウンタウンの下層の仕事――商品の配達、皿洗い、建設業、清掃業などを担《にな》っているのだ。

ダウンタウンは、生活に困っている失業者が多くたむろしていて、あまり治安が良いとはいえない。しょっちゅう万引きや強盗といった犯罪が起こるので、どの商店も入り口を鉄格子にして、客の侵入を防いでいる。客が何か買いたければ、店内にいる店員に声をかけ、鉄格子越しに購入しなければならない。

ナイロビで本当に貧しい人たちが暮らすのは、ダウンタウンの外れにある**「スラム」**である。

スラムとは、不法占拠によってつくられた居住地のことを示す。地方で農業や漁業をしていた人たちは、災害や病気や借金などで暮らしていけなくなった時、仕事を求めて都市にやってくる。しかし、彼らはお金がないのでマンションなど住居を借りることができない。そこで、町外れの空いている土地を見つけ、無許可で**「バラック」**と呼ばれる小屋を建てて暮らすのだ。このバラックがたくさん集まって居住区となったところがスラムである。

ナイロビには東アフリカ最大級の「キベラ」を筆頭として複数のスラムがあり、どこも人口過密状態だ。途上国の都市人口におけるスラムの住民の割合は非常に高く、アフリカの都市人口の七一％がスラムに暮らしている。ナイロビでも同様で、都市人口四三九万人のうちスラム人口は約二五〇万人といわれており、実に半数以上がスラムの住民で占められている。

スラムの住民たちが従事するのは、肉体労働、工場労働、運搬業、清掃業といった低賃金の仕事だ。スラム内に仕事はあまりないので、先に述べたようにダウンタウンに働きに行くのが一般的だ。収入は一日働いて数百円といったところで、生きていくのに精いっぱいの金額しか得られない。

このように、大都市といっても、富裕層が暮らすタウン、中間層が暮らすダウンタウン、貧困層が暮らすスラムと大きく三つに分かれている。特徴的なのは、それぞれの地区の境界線が、ストリートや川などによって明確になっている点だ。

ナイロビのタウンとダウンタウンを分けるのは、トム・ムボヤ・ストリートという一本の通りだ。ここが境界線になっていて、タウンの人はそれより先に行かないし、ダウンタウンの人も日中はタウンには立ち寄らない。

ダウンタウンとスラムの境界線も同じだ。それぞれのスラムごとに、両者を区切るストリートがあり、ここから先はスラムという目印になっていて、住み分けがなされている。

一つの都市の中でも階層ごとにはっきりと居住区が定められているのが途上国の住宅事情なのである。

日本 貧富が入り混じる住宅地

次に日本の町のあり方に目を移してみたい。

日本には、住民の平均所得の高い地区と、そうでない地区とがある。東京でいえば、港区の住民の平均所得は一一八四万七〇〇〇円であるが、足立区の平均所得は三五七万円となっている。同じ二三区でも、三分の一にまで下がる。

大阪府も同様だ。箕面《みのお》市は約四四〇万円であるのに対して、門真《かどま》市は約二八三万円。両者には一〇〇万円以上の差がある。

しかし途上国と違うのは、富裕層と貧困層とで住み分けがなされているわけではない点だ。港区や箕面市には富裕層しかおらず、足立区や門真市には貧困層しかいないというわけではないだろう。比率の差はあれど、港区や箕面市にも貧困層は住んでいるし、足立区や門真市にも富裕層は住んでいる。つまり、**日本の都市には高所得者と低所得者がごちゃ混ぜに暮らしているという特徴がある**のだ。

歴史をたどれば、戦後間もない頃まで、日本の都市にもスラムのような場所はあった。必ずしも不法占拠ではないにせよ、この道から奥は貧しい人たちが暮らす地域というような暗黙の了解があったのである。

ところが、高度経済成長を経て日本の景気が良くなるにつれ、住民たちは生まれ育った土地を離れて別の地域へ散らばっていくようになった。高級住宅地に移ったり、同じ地区のより広い土地に一軒家を建てたり、新築のマンションや団地に引っ越したりしたのだ。

町の風景にも変化が起きた。古い住居を取り壊して新たにタワーマンションが建つ一方で、地主の利権の問題などで古いアパートがそのまま残ったりするといったことが起きた。

おそらく読者の方々が住んでいる地域も同じなはずだ。駅前に新しい高級マンションがあっても、そこから徒歩数分のところには築年数の古いアパートや団地があると思う。つまり、同じ町に、所得の異なる人たちが同居しているのが日本なのである。

これを象徴するのが、公立の学校に通う子供たちの経済格差だ。公立小学校では、同じクラスに年収三〇〇〇万円の家庭の子供もいれば、六〇〇万円の家庭の子供もいるし、生活保護を受けている家庭の子供もいるというのが普通だ。それだけ多様な所得の人々が混在している。

ちなみに、生活保護を受けていれば、住宅を借りるための住宅扶助という支援を受けられる。一人世帯の場合、東京都では上限が五万三七〇〇円、大阪府では三万九〇〇〇円。三人世帯の場合は、東京都では六万九八〇〇円、大阪府では五万二〇〇〇円となっている。

住民の平均所得が高いといわれる港区や箕面市でも、先ほど述べたような築年数の古いアパートや団地はあり、そこであれば、生活保護の住宅扶助でも住める。ゆえに、低所得であっても、多様な地域に住むことができるのだ。

こうしてみると、途上国では所得によって明確にタウン、ダウンタウン、スラムなどと居住区が定められて生活環境がまったく異なるのに対し、日本では一つの地区にいろんな階層の人たちが集まって暮らしていることがわかるだろう。

あえて定義をすれば、途上国の区切られた都市は**「分断型都市」**であり、日本の貧富が混じり合った都市のあり方は**「混在型都市」**と呼ぶことができる。そして、その形態の違いこそが、次に見ていくように途上国の絶対的貧困層と、日本の相対的貧困層が直面する問題につながっていくのである。

途上国 なぜ貧困者たちはコミュニティーをつくるのか

スラムに暮らしているのは、バラックにしか暮らせない貧しい人々だ。彼らが貧困に陥《おちい》った原因は多様だ。単に仕事を失ったという人もいるが、それとは別に昔から残る身分制度の犠牲者、政府から迫害されている少数民族、その国で異端と呼ばれる宗教の信者といった人々もいる。

そうした視点から見てみると、**スラムによって、あるいはスラムの地区によって住んでいる人たちの属性が異なる**ことがある。このスラムに住んでいるのは原住民だとか、このスラムに住んでいるのはイスラーム教徒だといったイメージだ。

インドの商業都市ムンバイのスラムを例に考えてみよう。インドの貧困の背景には、カースト制度、移民、宗教、民族など複数の問題がある。それらが原因となって人々を社会の隅に追いやり、貧困に陥らせている。

それゆえ、ムンバイではカーストごとのスラム、国籍ごとのスラム、宗教ごとのスラムに分かれている。ここはネパール系移民のスラムであり、ここはイスラーム教徒のスラムといった具合に属性が違うのだ。

さらにいえば、途上国の大都市には、**「メガ・スラム」**と呼ばれるものが存在する。人口が数十万人単位になる巨大なスラムのことだ。ムンバイであれば、アジア随一のメガ・スラム「ダラビ」があるし、ナイロビであれば先述のキベラがある。どちらも一〇〇万人近い人々が住んでいると推計されている。

こうしたメガ・スラムでは、地区ごとに住人の属性が分かれている。たとえば、スラムの西側がスリランカ系移民の暮らす地区で、南側がキリスト教徒の暮らす地区といったようなことだ。

なぜ、スラムやスラム内の地区によって、同じ属性の人たちが集まってコミュニティーを形成するのだろうか。その理由は、次の二つに集約される。

1．文化的背景によって生活様式がまったく異なるため。
2．国に頼れないので、属性ごとに助け合わなければならないため。

1から考えてみたい。

アジアでもアフリカでも、多くの途上国は多民族・多宗教国家だ。アフリカ最大の国ナイジェリアには二五〇以上の民族や部族が住んでいるとされているし、アジアの小国ミャンマーですら一三〇以上の民族がいるとされている。

民族が異なれば、生活習慣はもちろん、言語、宗教、外見などあらゆるものが違ってくる。そのため、異なる属性の人々が一つの場所に集まって生活をすれば、いろんなところで衝突が起きる。

日本に置き換えて想像してほしい。日本にスラムがあったとして、日本の生活保護受給者と、在日イラン人の失業者と、ベトナム人技能実習生が、一カ所に密集して支障なく暮らすイメージができるだろうか。

それぞれ母語も違えば、宗教も違うし、食べ物も違う。それなら、日本人なら日本人、イラン人ならイラン人、ベトナム人ならベトナム人と、属性ごとにコミュニティーを形成して住み分けをした方が楽だ。

途上国のスラムも同じなのだ。絶対的貧困層と一括《くく》りにしても、いくつかの属性に分かれていて、それぞれライフスタイルがまったく異なる。だから、同じ属性の人同士で集まって生きていこうと考える。

2に挙げた属性ごとの助け合いは、この延長線上にある。

スラムは貧しい人々が不法に土地を占拠してつくり上げた居住区だ。そのため、その国の政府や近隣住民にしてみれば、できることならなくしたいというのが本音だ。

もし日本の隅田川や淀川の河川敷に数万人のホームレスが勝手にバラックを建てて住み着いたらどうだろう。政府も近隣住民も歓迎はしないだろう。場合によっては、無理やり排除するかもしれない。

途上国のスラムの住民の置かれている立場もそれと同じだ。彼らは常に政府や近隣住民から冷たい目を向けられ、時には差別的な扱いを受ける。

また、生活面でも、スラムの住民たちはいろんな不利益を被《こうむ》っている。もともと放置されていた土地だったからこそ、水はけが悪い、地滑りが起こりやすい、工場の汚水が流れ込むといった悪条件にある。

このような環境を生き抜くには、スラムの住民同士で助け合わなければならない。

一家族だけでがんばっても限界があるので、他の家族と身を寄せ合い、次から次に襲いかかってくる困難に立ち向かうことが必須だ。

住民たちがお互いを信用して協力し合うには、信頼関係が欠かせない。だから、彼らは同じ属性や同じ出身地の人たちをスラムに招き、コミュニティーのつながりを確かなものにしようとする。

私はかつてインドのコルカタにあるバングラデシュ人が暮らすスラムに出入りしていたことがあった。そこで知り合ったバングラデシュ人はこう語っていた。

「三十年くらい前にコルカタに移り住んだバングラデシュ人がこのスラムをつくったんだ。最初はこっちで知り合った同じバングラデシュ人五世帯くらいで住んでいたらしい。けど、外国人だからスラムの環境は他のスラムよりひどいし、地元のインド人から差別されることもある。だから、最初に来た人たちは故郷の貧しい人たちをこっちに呼び寄せ、だんだんとスラムを大きくしていった。それで今では三〇から四〇組の同郷の家族が助け合って暮らしている」

見知らぬ土地にやってきた人たちにとって、同郷であるということは信頼につながる。ゆえに、同じ土地から仲間を呼び寄せ、コミュニティーを大きくしていったのである。

日本　福祉制度による孤立

多様な階層の人が入り混じる混在型都市の日本では、コミュニティーのあり方はまったく違うものになる。

戦後間もない頃をふり返れば、たしかに日本にも貧しい人たちの同質性の高いコミュニティーは存在した。「朝鮮人部落」と呼ばれた被差別地区などがそれだ。朝鮮半島出身の人たちが身を寄せ合って集まり、差別や貧困から協力して身を守っていたのである。

町によっては、沖縄や奄美大島からの移住者が集まる地区などもあった。同じ文化的背景を持った人が助け合って暮らすコミュニティーという意味では、途上国のスラムのそれと類似しているといえるだろう。

だが、現代の都市では、そうしたコミュニティーはほとんど消え失せたといっても過言ではない。原因は、経済の発展に伴って、町の構造や人間関係のあり方が変わっていったからだ。

たとえば、神奈川県の川崎市には、戦後間もない頃までは朝鮮人部落と呼ばれた地区があった。朝鮮半島にルーツを持つ人たちが一つの場所に住んで支え合っていたのだ。

しかし、一九六〇年代以降の経済発展に伴って、内部の人々が経済的に成功して別の町に移ったり、外部の人々が京浜工業地帯の仕事を求めて集まったりするようになった。さらに、一九八〇年代以降は、地価が安く外国人が受け入れられやすいという理由で、フィリピンや中国など外国人出稼ぎ労働者が定住しだした。

こうしたことによって、川崎からは朝鮮半島出身者の町という色がだんだんと薄れていった。その結果、かつて朝鮮人部落と呼ばれた地区は、今や、ベトナム、フィリピン、インド、ネパール、ブラジル、ミャンマー、バングラデシュなどいろんな国にルーツを持つ人々が暮らす町となっている。

このようにして、日本各地から同質性の高いコミュニティーは消えていったといっていい。ならば、今の日本で生活困窮している人たちは、横のつながりを失い、どのように暮らしているのだろうか。

彼らがコミュニティーの代わりに手に入れたのが、国の福祉制度である。人と人とのつながりに頼って生きるのではなく、国が提供する生活保護だとか、児童手当だとか、介護保険制度といった制度に依存するようになったのだ。

たとえば、昔の貧困地域では近隣住民たちが協力して子育てをしたり、お年寄りの介護をしたりしていた。それが今では国の保育サービスや介護サービスが取って代わっている。

あるいは、かつて家に食べ物がなければ、近隣住民に米を借りたり、差し入れをもらったりしていた。「困った時はお互い様」と言って、持ちつ持たれつの関係が築かれていた。今はそれがなくなり、人々は食べ物がなくなれば隣人ではなく、自治体のフードバンクや生活扶助に頼っている。

このように見ていくと、かつてあったコミュニティーの相互扶助システムが、公的支援に移行したことがわかるはずだ。

人々が公的支援に乗り換えたのは、利便性の高さゆえだった。コミュニティーの相互扶助システムには、お互いの距離が近くなる分、多くのしがらみが発生し、時にそれは息苦しさを伴うものだった。人々は公的支援によって、そこからの脱却を図ったのだ。

ところが、それは優れた面ばかりではなかった。人と人との濃厚なネットワークを失ったことで、生活困窮者たちは**「孤立・孤独」**の問題に直面することになったのである。

現在、日本社会で起きている貧困問題を思い浮かべてほしい。結婚できずに独身で生きていく若者、アパートの密室で行われるＤＶや虐待、八〇五〇問題、独居老人の孤独死……。これらの根底には、孤立と孤独という共通点がある。

たとえば、グッドネーバーズ・ジャパンは、フードバンクを利用する一人親家庭に、「子育てや生活の悩みを相談できる相手はいますか」というアンケートを取っている。その結果、二四%が「誰もいない」と答えた。その理由は、「どうやって助けを求めれば良いのかわからない（三〇%）」「抵抗がある（二一%）」「時間や気持ちに余裕がなくて助けを求められない（一九%）」だ。

そう、途上国の人々や昔の日本人はわずらわしい人間関係の中で助け合いのネットワークを築いていたのに対し、今の日本人は制度に依存することによって孤立し、孤独に陥っているのだ。

日本の貧困支援の現場では、度々こうした問題点が指摘され、孤立・孤独の予防の必要性が説かれてきた。そこでよく提案されるのが、地域コミュニティーを新たに結成させたり、既存のそれに生活困窮者を参加させようという解決策だ。だが、それは簡単なことではない。

生活困窮者がコミュニティーに参加する時の壁は大きく二つある。一つ目が、**低所得で苦しむ人々が抱えているパーソナリティーの問題**だ。

生活に困窮する人たちは、特殊な事情を抱えていることが少なくない。生まれつきの障害があったり、アルコール依存や精神疾患などの病気を持っていたりするのだ。あるいは、長年の生活苦から人間不信に陥っていたり、性格が粗暴になっていたりすることもある。高齢者の場合であれば、健康も大きな問題だ。

こうした人たちは、地域にコミュニティーがあったとしても、その特性が邪魔になって輪の中に溶け込むのが難しい。結局コミュニティーに入れるのは恵まれている人たちだけということが起こりやすいのだ。

二つ目として挙げられるのが、**彼らが貧困ゆえに抱えている劣等感**だ。日本では、低所得であることは劣っているとか、恥だとかいう意識が強い。これは社会に渦巻く自己責任の考え方が大きいだろう。彼らに能力がなかったり、努力しなかったりしたから、困窮していると決めつけられがちなのだ。

こうした風潮の中で、彼らは人とつながることを避けようとする。私が兵庫県で会った六十代の生活保護受給者の例を示そう。

● 隆司の劣等感

隆司は香川県出身の男性で、県立高校を卒業したあとに関西に出てきていくつかの工場で働いてきた。これまで二回結婚したものの、いずれも数年で離婚。人生の大半を独り身で過ごしてきた。

五十代の半ばになって、隆司は糖尿病で体を壊すと同時に失業。それから次々と病変が現れたために、行政に相談して生活保護を受けることになった。

生活保護を受給した後、隆司は古いアパートで毎日のようにテレビを見て過ごしていた。働いていた頃は、酒場に行けば友人がいたが、糖尿病になってからは出入りすることもなくなり、月に何度か病院で医師や看護師と言葉を交わす以外はほとんど会話らしい会話もなくなった。家族や親戚とも縁が切れている。

ある日、NPOの職員が隆司の家を訪問し、地域のリタイア組が集まるサークル活動に参加してはどうかと提案した。しかし、隆司は提案を拒絶した。彼はその理由を次のように説明した。

「俺は十年以上生活保護を受けて暮らしてきた。今さらそんなサークルに行ったところで、悠々自適なリタイア組が俺はこんな有名企業で働いていただの、かわいい孫が何人いるだのといった自慢話をしているだけだ。その時、俺は何て言えばいいんだ。だから、そんな集まりになんて絶対に参加したくない」

隆司は周囲からの偏見と自分が抱える劣等感ゆえに、他人とつながることを避けていたのだ。

残念ながら、今の日本にあるコミュニティーの多くは、自尊心の高い人が中心となって構成されている。だからこそ、逆に劣等感を抱えている生活困窮者にとっては、なかなか積極的に参加しにくいという状況が生まれてしまうのだ。

同じことは、子育て世代の人々にも当てはまる。

保育園にせよ、小学校にせよ、習い事にせよ、親同士のコミュニティーは、「できる親」「優秀な子の親」が中心になりがちだ。彼らは「ママ友同士の自慢話」に象徴されるように、自分や子供の優秀さを語りたがる。それが彼らのアイデンティティーを成り立たせている。

だからこそ、自尊心の低い生活困窮者は、そうしたコミュニティーになじめない。彼らの一言一句が胸に突き刺さり、つらい気持ちになる。

都内に暮らす生活保護受給者であるシングルマザーは、次のように語っていた。

「保育園のお母さん方の間には、いくつかのグループがあるんです。私は同じシングルの親とは仲良くしますけど、ちゃんと第一線で働いている裕福な親御さんたちとはあまり親しくなりませんね。私のコンプレックスかもしれませんけど、話題や価値観がまったく合わないんです。そのせいで、その人たちが主導している保育園の集まりとか、イベントにも足が向かなくなってしまいました」

すでに見てきたように、日本は同じ地域に様々な所得の人たちが混在している。だからこそ、低所得者は、そこで形成される成功者が中心となったコミュニティーに入れず、孤立・孤独を深めるのである。

途上国 バラックが生み出す不良行為

ここまで途上国と日本の住居について見てきたが、今度は家の中での生活に光を当ててみたい。

スラムのバラックはとても簡素な作りだ。スラムの住民は故郷で自分たちの家屋を作ったり、都市で建設業をしたりしている。そのため、簡単な小屋くらいであれば、建設現場で不要となった建築資材や、安価な材料を買ってきて数日で建てることができる。主な材料は、木材、レンガ、トタン、プラスチック板、ビニールシートなど。地域によっては、練り固めた土や牛糞が壁として使用されることもある。

住宅の形は、国や町の気候によって違う。バングラデシュのダッカのような水はけの悪い土地では、雨季の数カ月間は冠水などの被害に遭う。それゆえ、スラムの住民たちはバラックを高床式にして、地面が一メートルくらい冠水しても大丈夫なように工夫する。

中央アジアのような冬場に気温が下がる地域では、寒さに備えて断熱効果のあるレンガや土が使われるが、一年中蒸し暑い東南アジアでは通気性を良くするために竹が使われる。陸地にスペースがない場合は、海上や湖上に杭を打ってバラックを建てることもあり、「海上スラム」「水上スラム」と呼ばれる。

　とはいえ、スラムはどこも人口が過密であるため、バラック一軒当たりの敷地面積は非常に狭い。室内の広さは四畳から六畳、大きくても一〇畳ちょっとといったところだ（二階建てにしているところもある）。

　住宅をより狭くさせているのが、バラックに暮らす子供たちの数だ。絶対的貧困層の人たちは、将来は子供に面倒を見てもらおうと考えて、子供を多く作ろうとする。一家族当たり五、六人の子供がいるのはざらで、一〇人前後も珍しくない。

　二階建てだとして、六畳×二部屋にそれだけの数の家族が暮らすのは無理がある。子供がまだ小さければ工夫によって何とかなるかもしれないが、中学生、高校生くらいになれば、そうはいかない。

　このような場合は、大きくなった子供は親戚や友人の家に預けられることになる。スペースがなければ、別の家に住まわせればいいという発想である。実際にスラムのお年寄りの家に行くと、親戚の孫や隣家の子が一緒に暮らしているという光景をよく目にする。

　そう聞くと、日本人はこう思うかもしれない。

「みんな貧しく大変なんだから、そう簡単に引き取る余裕なんてないのでは？」

　こうした発想は、生活においてプライバシーを保障されている日本人特有のものだろう。

途上国の絶対的貧困層の人たちの頭にあるのは、同質性の高いコミュニティーの中で頼れる者には頼って生き抜くという考え方だ。だからこそ、預ける方もこっちが無理ならあっちにとなるし、引き受ける方も簡単に承諾する。

さすがに高校生くらいの年齢になると、体が大きくなるのでバラックで暮らすのは難しい。本人も早く社会に出たいと考えるだろう。そこで彼らはスラムを離れて、自立する道を模索することになる。

よくあるのが、建設会社やレストランや工場で住み込みの仕事につくことだ。そこで何年か働いて金を貯めたり、少しずつ条件のいい仕事を見つけていったりしてステップアップを目指す。

子供の中にはまだ幼い年齢で家を離れ、そのような形で働いている者もいる。店や工場が義務教育に当たる年齢の子供を働かせるのは、**違法な児童労働**だが、日本と違うのは、「生きるためには仕方がない」として見逃されていることだ。

世界で児童労働はどれくらいの規模で行われているのか。

国連等の推計では、**全世界の子供の一〇人に一人に当たる一億六〇〇〇万人の子供が児童労働に従事しているとされている。**図表1を見ていただければわかるように、児童労働の七〇％の仕事は都市部以外で行われている農林水産業であり、その他が都

図表1　産業別の児童労働者数(5~17歳)

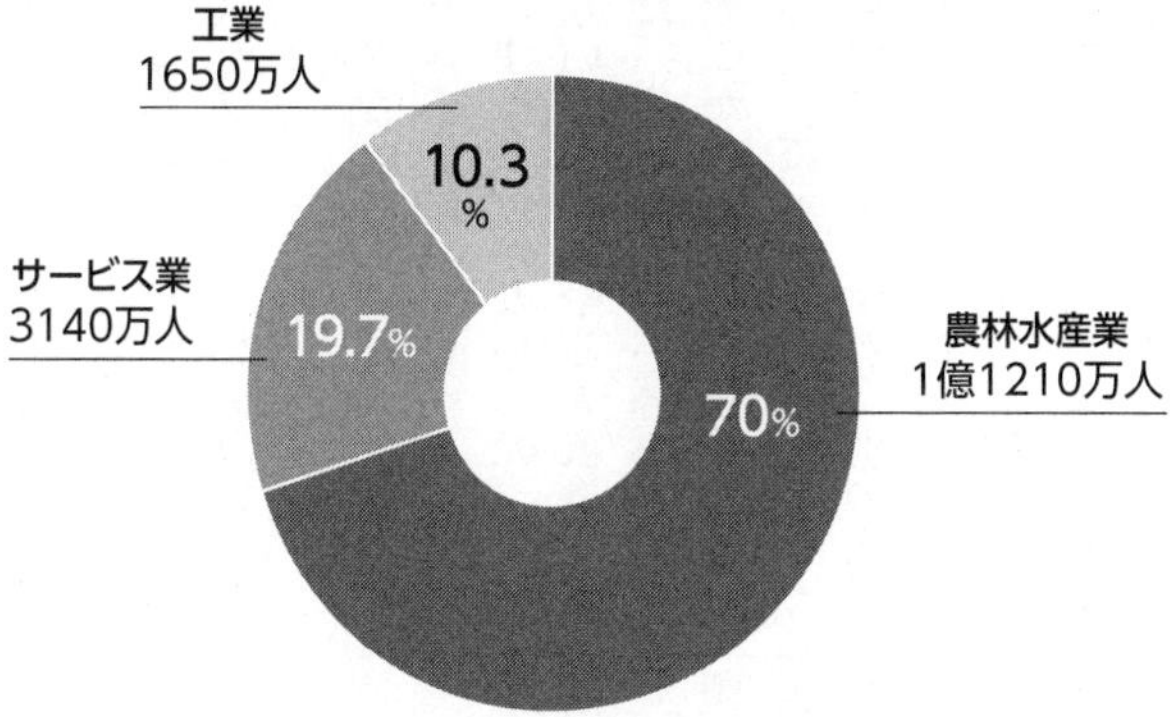

出所：ILO・UNICEF「児童労働：2020年の世界推計～傾向と今後の課題～」をもとに作成

市部でのサービス業などになる。

児童労働は、子供が自分の意思でやっていることもあれば、悪い大人が金銭を得るために子供をだまして無理強《じ》いしていることもある。子供たちを工場やプランテーションへ連れて行き、逃げられないようにして無報酬で働かせるのだ。子供が稼いだ分は、その大人の取り分となる。

これは**「人身売買」**と呼ばれるが、その被害に遭っている子供の数は年間二五〇万人。子供たちがやらされる労働の中には、右記に述べたものの他にも、売春や鉱山での労働など、より高リスクなものもある。

とはいえ、親が子供を売ることは一般的にはほとんどない。いくら貧しくても、親にとって子供は愛すべき大切な存在だ。ならば、どういう大人が人身売買に手を染めるのか。

かつてバングラデシュのスラムに滞在していた時に、ある夫婦が八人いる子供のうち七人をブローカーに売り飛ばしていたことがあった。この夫婦は共に薬物中毒だった。

同じスラムに暮らすお年寄りはこう言っていた。

「スラムの住民っていったって、多くの人は優しい人ばかりだよ。子供を売るなんてことはするわけがないんだ。

そういうことをやる大人は、貧しさのせいで頭がイカれてしまっていることがほとんどだ。先の見えない暮らしの中で、楽しさを求めてドラッグやアルコールに手を出し、そこから抜けられなくなって、頭がおかしくなった奴だ。

彼らだって元は子供を売るような人間じゃなかったはずだ。でも、貧しさからそういうものに手を出すと、別の人格になってしまう。そういう人間が今ドラッグをやりたいから、今酒を飲みたいからという理由で、子供を売ってしまうんだ」

これは日本でも同じだろう。すべての低所得の親が子供を虐待したり、子供から金銭を搾取したりするわけではない。厳しい生活の中で心が荒《すさ》んだり、薬物に手を出したりすることで、本来持っていた人間性が失われ、人の道を外れたことをするのだ。

日本　法令遵守が招く不良行為

日本の相対的貧困層の人々が暮らす住宅は、親と子供が食事や寝起きをするくらいの広さはある。少なくとも、スラムのバラックのように物理的に家族が入りきらないということは起こりえない。

しかし日本ではプライバシーがことさら重視されるので、寝るスペースがあればいいというわけではない。子供部屋のように自分のスペースが確保されていることが重要なのだ。その点からすれば、日本の生活困窮者は、住宅が狭い分、プライバシーを侵害されやすい。

ある母親がシングルで子供三人を育てていたとしよう。彼女が生活保護を受けていれば、生活扶助で借りられるのは築年数の古い２ＬＤＫ（２ＤＫ）のアパートである。

子供たちが小さい頃は、みんなで川の字になって寝ていればいいが、中学、高校と年齢が上がっていくと、何かと窮屈に感じるようになる。きょうだいで性別が違えば余計にそうだ。

家が多少狭くても、家族がお互いを尊重し合って仲良くしていれば、多少のことは乗り切れるはずだ。だが、家族の関係に亀裂が生じていれば、それは家庭崩壊の要因になりかねない。

私の知っている事例を一つ紹介する。

●麗奈のアパート

若いシングルマザーのもとで、麗奈は二歳下の弟とともに育った。母親は昼間はホームセンター、夜はスナックで働いていた。

家は古いアパートだった。ワンルームしかなかったので、ビニールシートで仕切りを作って「子供部屋」と「母親の部屋」に分けていた。それでも小学校の低学年くらいまでは、家族三人で仲良く暮らしていたらしい。

小学校の高学年になった時、母親は恋人を家に連れ込むようになった。麗奈と弟が朝起きると、ビニールシートの仕切りの向こうに母親と恋人の男性が寝ていることもしばしばだった。麗奈はこの男性の存在が嫌でならず、朝目を覚ますのが怖かった。

やがて母親はこの男性と再婚。男性はアパートに住むようになった。ただでさえ狭い家はますます窮屈になった。また、男性は些細《ささい》なことでいら立ち、父親面をして麗奈や弟を叱りつけるようになった。

「家にお前らがいると窮屈なんだ。どこか行ってろ」

土日はいつもそう言われて家を追い出された。母親は男性と過ごしたいので何も言わなかった。

麗奈はだんだんと家にいるのが嫌になり、中学二年生の頃から友達や先輩の家に泊まるようになった。最初は週に一日の外泊が、二日になり、三日になり、そしてほとんど帰らなくなった。

そんな友達や先輩の家には、似たような境遇の不良が出入りしていた。麗奈はそこで勧められるままに違法なドラッグをやるようになった。中学卒業間際、彼女はついに恐喝と暴力で逮捕された。生活のための金欲しさに、後輩の女の子を脅していたのである。

その後も、彼女は非行をつづけ、女子少年院へ送られた。

母親がしっかりしていれば、いくらアパートが窮屈でも、麗奈が不良グループに入って非行に走ることまではなかっただろう。だが、母親が子供の気持ちを顧《かえり》みずに恋人の男性を連れ込むようになったことで、親子の関係が悪化し、最後は麗奈が家を出ていくことになった。

この例からいえるのは、子供は家が狭いという理由だけで出ていくわけではないということだ。そこに家庭の問題が加わることによって、子供たちは家が狭いことに我慢ならなくなり、家を離れる。次のような方程式があるのだ。

住宅の狭さ＋家族関係の悪さ＝家族の崩壊

日本では、十代の子供が家を出た後に自立して暮らすのは難しい。途上国と違って法律が厳しく守られているため、児童労働をしたり、路上で寝泊まりしたりすることができないからだ。ゆえに、同じような境遇の者同士で固まり、万引き、売春、恐喝といった非行で生きるしかなくなる。

ところで、劣悪な家族関係の最たるものが虐待だろう。余談になるが、本章の最後に虐待と貧困についての関係を押さえておきたい。

現在、児童相談所における児童虐待相談対応件数は年々増えており、約三十年間で約一九〇倍になっている（図表2）。

以前、三都道府県一七児童相談所で児童虐待が原因で保護された子供を分析したことがあった。それによれば、「生活保護世帯」が一九・四％、「市町村民税非課税」「所得税非課税」世帯は一六％という結果だった。つまり、児童虐待の半数近くが低所得者の家庭で行われていたのだ。

なぜ低所得者の家庭で虐待が起きやすいのか。次のような要因が考えられる。

図表2　児童相談所での児童虐待相談対応件数とその推移

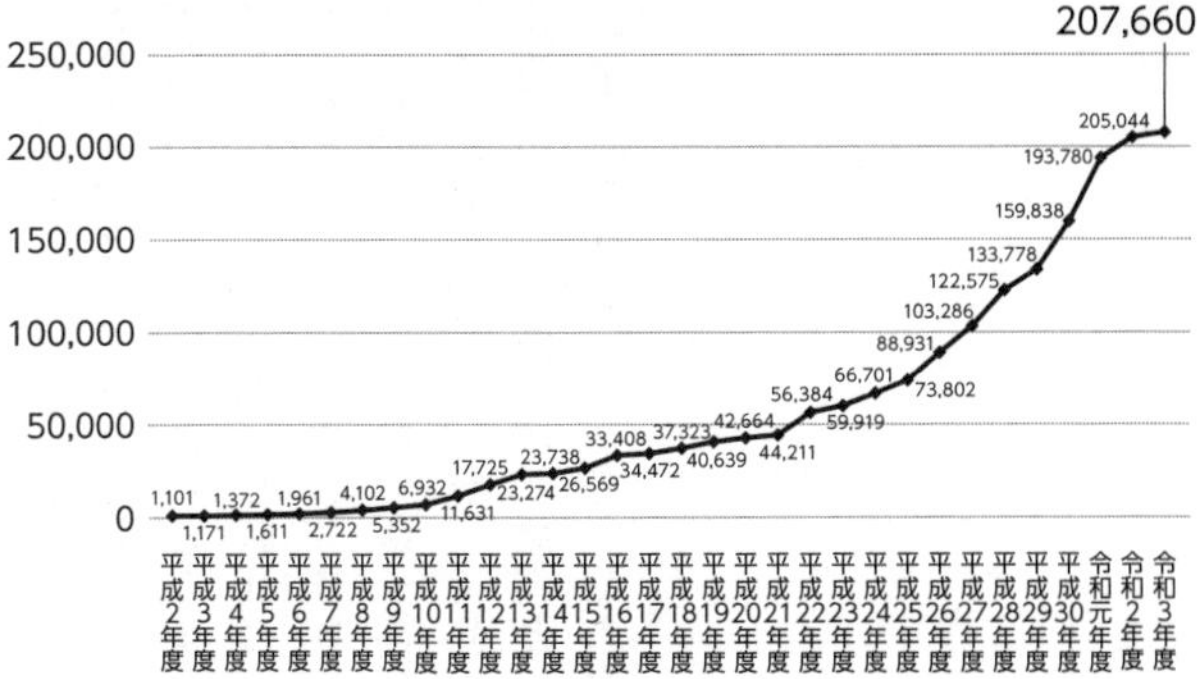

出所：厚生労働省「令和3年度 児童相談所での児童虐待相談対応件数」

1. 粗雑な性格など、親が貧困になる因子と虐待をする因子を双方持っている。

2. 貧しさゆえに、親が精神的に追いつめられやすい。

3. 狭い家は密室化しやすく、暴力がエスカレートしやすい。

社会で低賃金の仕事にしかつけない人は、そもそも性格が粗雑だとか、人付き合いが苦手だとか、論理的な話し合いができないといった特性を抱えていることがある。こうした大人は、家庭の中でも同じように子供とぶつかり、暴力を振るいやすい。

また、経済的に困窮していれば、親に気持ちのゆとりがなくなる。借金のストレスでいら立っている親なら、子供の些細な言動に敏感になり、簡単に激昂《げきこう》しがちで、それが暴力として表れるのだ。

日本の狭い住宅の中では、このような親子間のいざこざがなかなか表ざたにならない。コミュニティーがあった時代は、祖父母、親戚、近隣住民が見つけて止めに入ることができた。だが、今の核家族化した密室の中では、第三者が家に立ち入ることがあまりないので、密室の中で親子間の暴力がエスカレートしやすい。

このように見ていくと、貧しく狭い家であればあるほど、虐待リスクが高まることがわかるだろう。貧困だけが原因というより、そこから生じる諸問題がどんどん膨れていって大きな問題になっていくのだ。

第二章

路上生活

家族と暮らす路上生活者、
切り離されるホームレス

日本　ホームレスが直面する五重の排除

世界には、路上で生活をする人たちが数多く存在する。ホームレスやストリートピープルなど様々な呼称があるが、どの国においても路上生活者は貧困の最下層に位置づけられている。

それでも、途上国の路上生活者と、日本のホームレスには、いろんな違いがある。そこに光を当てることによって、最下層の貧困とは何かについて考えてみたい。

日本ではすべての人は「健康で文化的な最低限度の生活」が営《いとな》めるという建前があり、数多の福祉制度が用意されている。ここでいう最低限度の生活の基準が、生活保護といえるだろう。

しかし、日本にはもっとも重要なライフラインである住居さえも持たない人たちがいる。ホームレスと呼ばれる人々だ。なぜ、彼らは制度を利用できず、路上で暮らすことになったのか。

この疑問に対して、社会活動家の湯浅誠が一つの答えを出している。彼は著書『反貧困』（岩波新書）で、日本を「すべり台」のように転落する社会だと定義した上で、人間がホームレスのような境遇に落ちる背景として「五重の排除」を挙げている。次がそれだ。

1. 教育課程からの排除：教育を受けられないことで社会的な地位を得られない。
2. 企業福祉からの排除：職を得られなかったり、得ても十分な給与をもらえない。
3. 家族福祉からの排除：困窮したときに頼ることのできる家族がいない。
4. 公的福祉からの排除：生活保護、障害年金等の公的福祉を受けられない。
5. 自分自身からの排除：社会復帰に対する希望を抱くことができない。

湯浅によれば、社会には人間が貧困の底に転落しないように1～5のセーフティーネットがあるという。通常はこのうち、どれか一つに引っかかれば最低限の生活を営むことができるが、すべてから排除された時、人は最低限度より下の生活を余儀なくされる。

具体的にいえば、⑴学歴がなくて社会で受け入れられず、⑵職を得ても給与が低く、⑶家族とは縁が切れていて、⑷福祉制度を利用することができず、⑸最終的には社会に踏み留まろうとする意思を失ってしまう。このように五段階においてセーフティーネットからこぼれ落ちた時、人はホームレスになるのだ。

おそらく多くの人が疑問に感じるのが、4ではないだろうか。日本人には生活保護などの制度を利用する権利がある。それなのに、なぜ彼らはそれを使うことができないのだろう。

生活保護を受給するには、資産を有していないとか、すぐに働けないなどといった条件を満たしている必要がある。受給を希望する人は、役所の担当窓口でそれを証明することによって、申請が受理される。

ところが、人によっては条件を満たしているのに生活保護を受けることを拒否する。よくあるのは次の二つだ。

・家族等に今の困窮した現状を知られたくない。
・国の世話になりたくないというプライドを持っている。

生活保護の受給条件の一つが、家族等が支援の意志や余裕がないことの証明だ。多くの場合、役所の担当者がその人の親や子供に連絡をして事情を説明し、本当に支援が難しいのかを確認をする。

ところが、生活困窮者の中には、「家族に今の情けない姿を知られたくない」とか「これまで散々迷惑をかけてきたので、これ以上家族の厄介になりたくない」と考える人もいる。彼らはそうした理由から家族に連絡を取られるくらいなら、生活保護などいらないと考え、申請を諦めるのだ。

これとは別に、国の制度に依存するより、ホームレスになっても自由に生きたいと考える人もいる。生活保護を受ければ、定期的にケースワーカーの訪問を受け入れ、生活についての指図を受けなければならない。

だが、自立心の大きな人は、他人にあれこれ言われるくらいなら、空き缶拾いでも何でもやって生きていった方がいいと考える。それで生活保護の受給を拒否するのだ。

かつて私が会ったホームレスに複雑な事情を抱えている人がいた。その人は、トランスジェンダー（体は男性で、性自認は女性）だった。

二十代の頃に、彼女は本来の性を生きるため家出をして夜の街に移り、そこから半世紀以上も自力で生きてきたそうだ。だが、七十歳を過ぎて無理がたたり、体を壊した。知人から生活保護の受給を勧められたものの、彼女はがんとして拒んだ。その理由を次のように話していた。

「私は家族の反対を押し切って女として生きるために、家を出てから一度も連絡を取ってこなかった。今さら高齢の親や兄弟に助けを求めて迷惑をかけられないし、こんな姿になっているのを知られたくない。

それにケースワーカーの人間が、私みたいな人間の気持ちをわかるわけがないでしよ。そんな人間にあれこれ指図されるなんてごめん。それなら、死期を早めることになっても、最後まで自分のやりたいようにやって生きるわ」

ホームレスは自分の意志で野宿していると考えられがちだが、こうしてみると必ずしもそうではないことがわかるだろう。彼らには彼らなりの事情があるのだ。

途上国　途上国における二重の排除

貧しい国には、路上に布を一枚敷いて眠っている人たちが日本とは比較にならないほど大勢いる。

東南アジアなど暑い国では道路や公園でそのまま横になるが、中央アジアや北欧などの寒い国では、冬の寒さで凍死するのを防ぐためにマンホールの下に住みつくようなケースもある。

どのような環境であっても、路上生活が心身にもたらす負担は大きい。暑い国であれば、一年に何千人もの路上生活者が熱中症で死亡することもあるし、寒い国では低体温症で同じことが起きている。感染症にかかったり、交通事故に巻き込まれたりするリスクも高い。

途上国にも、貧しい人々が路上生活に陥らないためのセーフティーネットは存在する。ただ、日本のそれと異なるのは、**セーフティーネットの数が少ない**という点だ。先に挙げた湯浅誠の五つの項目に照らし合わせれば、途上国の場合はそのうちの二つしかない。すなわち次だ。

・家族福祉
・自分自身

なぜこうしたことが起こるのか。

日本にある「教育」は、子供たちが学校へ通っていることが前提となる。だが、途上国では、貧しい人たちが教育を受ける環境が整っていない。これではセーフティーネットとして機能するわけがない。

「企業福祉」や「公的福祉」についても同様だ。途上国では企業倫理がしっかりしている企業の方が少なく、公的福祉の整備も不十分だ。途上国の日雇い労働者にしてみれば、期待するだけ無駄なのだ。

こうしたことから、途上国の貧困層の人々が頼れるのは、「家族福祉」「自分自身」の二つのみとなる。つまり、家族に助けてもらうか、自分自身で乗り越えるしかない。

途上国ではこのうちの家族福祉がもっとも頼りになる。第一章で見たように、スラムでの家族福祉は、親族や近隣住民を含めたコミュニティーによる福祉といっていいだろう。仮に実親や兄弟が力になってくれなくても、彼らが手を差し伸べてくれる。たとえば、インドのコルカタのスラムで、ある家庭の父親が怪我をして数カ月間働けなくなった。母親はすでに病死しており、二人の子供はまだ小学生で就労が難しい。

普通に考えれば、父親は子供たちを児童養護施設に送らざるをえなくなるだろう。しかし、現実には、父親は一年間無職のまま治療に専念し、子供たちは親元で暮らしながら学校へ通うこともできた。

なぜか。スラムに暮らすコミュニティーの仲間たちがお金を出し合って助けてくれたからだ。毎日誰かがご飯を差し入れ、身の回りの世話をしてくれた。それで一家は生活を維持できたのである。

読者の中には、スラムの人たちは自分が貧しいのに、なぜ人のためにそこまでするのかと考える人もいるかもしれない。

率直にいえば、スラムの人々は、いつ自分が社会からドロップアウトしてもおかしくないという不安を抱えている。だからこそ、**日頃からコミュニティー内の結束を高め、助け合うことによって、いざ自分が逆の立場になった時に手を差し伸べてもらえ**

るようにしているのだ。

コミュニティーによっては、そこに所属するメンバーが同じスラムだけでなく、海外にいるケースもある。

フィリピンの首都マニラのスラムで、あるコミュニティーと仲良くなって一緒に生活をしたことがある。このコミュニティーには子供からお年寄りまで四〇人ほどいたが、定職のある人はわずか三人だった。しかも、彼らの稼ぎは月に二、三万円で、とてもじゃないが全員を養えない。

ではなぜ、彼らは生活できていたのか。それは**コミュニティーの仲間が海外へ出稼ぎに行っており、そこからの送金を受けている**からだ。このコミュニティーでは、女性は二十歳前後になれば海外へホステスや家政婦として出稼ぎに行くことが暗黙の了解となっていた。海外へ行った人たちが収入の一部を送金することで、母国のメンバーの生活が成り立っていたのだ。

これは、このコミュニティーに限ったことではない。フィリピンでは、人口の一割に当たる約一〇〇〇万人が海外へ出稼ぎに行っており、ＧＤＰの一割が海外からの送金となっている。母国だけではコミュニティーの生活が成り立たない場合は、海外にまでネットワークを広げていくのだ。

同じことはフィリピン以外の途上国についても当てはまる。出稼ぎ労働者の仕送り

図表3　在外労働者が自国に送金した受取額の国別ランキング（2019年）

（単位:100万ドル、%）

順位	国	2019年 送金受取額	2019年のGDP に占める割合
1	インド	82,203	2.8
2	中国	70,266	0.5
3	メキシコ	38,655	3.1
4	フィリピン	35,071	9.8
5	エジプト	26,353	8.8
6	ナイジェリア	25,368	5.7
7	フランス	25,174	0.9
8	パキスタン	21,905	7.9
9	バングラデシュ	17,539	5.5
10	ドイツ	16,772	0.4
11	ベトナム	16,679	6.4
14	インドネシア	11,679	1.1
26	タイ	7,038	1.4
47	ミャンマー	3,035	4.6
69	マレーシア	1,721	0.5
74	カンボジア	1,517	5.6
132	ラオス	254	1.3
世界合計		401,227	—

出所：世界銀行

額のトップ10が図表3だ。ＧＤＰに占める割合が高い国には、フィリピンと同じ構造があるといえる。

こうして見ると、途上国はセーフティーネットの数は少ないが、家族福祉に関しては非常に手厚いことがわかるだろう。

日本　いったん落ちると這い上がれない

次に、日本のホームレスを取り巻く状況と内面について見ていきたい。

二〇二二年度の厚生労働省による「ホームレスの実態に関する全国調査（概数調査）」では、日本には三四四八人のホームレスがいるとされている。二十年前の二万五〇〇〇人と比べると、今は支援団体の数も増え、統計上のホームレスの数は六分の一近くまで減っている。

だが、国が公表している数字を鵜呑《うの》みにするわけにはいかない。この調査では、担当者が町を歩いて目視で確認できたホームレスをカウントしているにすぎないのだ。彼らの目に入らない人々――日中は街で働いている人や、図書館やサウナで過ごしている人などは含まれないし、ネットカフェ難民や車上生活者などもカウントされていない。このように考えると、統計が現実を正確に反映しているとは言い難い。

それでも日本には四〇〇〇人近い人たちが、路上や川辺に段ボールハウスを建てるなどして暮らしているのが現状だ。生活困窮者と一括りにしても、住宅のある低所得者と、それのないホームレスとでは、置かれている環境は違う。それは本人たちが一番感じていることだ。

私がホームレスから聞いたのは次のような言葉だった。

「やっぱり家と住所がないのが困るよね。寒い夜は凍死するんじゃないかって思うし、雨の日は臭い公衆便所にこもって雨宿りすることになる。それに住所がないから、ちゃんとした仕事ができないし、体調を崩しても誰にすがることもできないだろ。自分はいつ死んでもおかしくない人間なんだって毎日のように感じているよ」

途上国ではスラムのバラックでの生活と路上生活にそこまで落差はない。だが、**日本では、家のある「最低限度の生活」と、家のない「最低限度未満の生活」には途方もない差があるの**だ。そして、いったんホームレスに落ちると、なかなか元にもどるのが難しくなる。

彼らをホームレスの沼に沈める要因は何か。ここでは次の二つの側面から考えたい。

1．社会的偏見

2. 劣等感

1の「社会的偏見」から見てみよう。

第一章でも触れたが、日本には貧しい人に対する自己責任論が根深く存在する。仕事も制度もあるのに、ホームレスに身を落としているのは、その人の責任だという考えだ。本当は複雑な事情があるのだが、それが知られていないので、安易に批判されがちなのだ。

世間に蔓延《まんえん》する自己責任論は、ホームレスに対する偏見を助長させる。ホームレスは怠惰な人間であり、好きで路上で暮らしているのだというイメージを不必要に膨らますのである。それが人々の視線を過剰に冷ややかなものにし、彼らを排除することになる。

これは数字にも表れている。

日本のホームレスの多くは、仕事をしたいと望んでいる。だが、完全な失業状態にある人は、ホームレス全体の五一・一%に上り、月収一万円未満の人は三・九%、一万〜三万円未満が一八・七%、三万〜五万円未満が二七・五%だ。

ここからいえるのは、ほとんどのホームレスは、本人が望んでいるのに正当な対価を得られる仕事ができずにいるということだ。広告看板持ちやチケット並びや廃品回収といった低賃金の仕事をしながら、小遣い程度のお金を手に入れているだけなのだ。

仕事が多数ある日本社会では、彼らは今以上に条件の良い仕事に就けているはずだ。しかしそうならないのは、彼らがそれを選んでいるのではなく、社会の方がホームレスを遠ざけているからなのである。

次に2の「劣等感」について見ていこう。

社会的偏見にさらされたホームレスは、彼ら自身の中で劣等感を大きくする。路上で暮らしていることを恥ずかしいと感じ、人と付き合うことを避け、自ら社会との接点を捨てる。

私が取材した一人のホームレスの例を紹介しよう。

●修一郎の孤独

修一郎は建設業で、三十代後半で再婚して一人の子供がいた。だが、五十代の時に失業と同時に離婚。妻子と別れて、一人で安いアパートに移り住むことになった。

彼はうつ病になっていたこともあって、アルバイトをしても長続きしなかった。体調不良で仕事に行けなかったり、勤務中に具合が悪くなったりしたのだ。

何度もアルバイトを変えているうちに、貯金が底を突き、家主に追い出されるようにしてホームレスになった。

野外生活をはじめた時、修一郎は体調さえ回復すれば元の生活にもどれると思っていた。だが、住所不定ということでアルバイトを見つけることができず、体調もどんどん悪化していった。たまに路上で知り合った別のホームレスに日雇いの仕事を紹介してもらったが、中抜きされて日当は三〇〇〇円ほどだった。

修一郎はこう語っていた。

「バイトしていてもみんなから嫌がられるし、業者もホームレスだからって当たり前のように金を抜き取る。人間以下って思われてるんだなって感じた」

一生懸命に働いていても、一人の労働者として扱ってもらえない。このままでは社会復帰できないだろうという不安が膨らんでいった。

ある日、修一郎は家族に助けを求めようと、二人の実姉に電話をかけた。今の状況から脱却したかったのだ。だが、一人の姉は「余裕がない」と電話を切り、もう一人の姉は「夫からホームレスとは関係を持つなと言われた」と突き放した。

修一郎は姉たちに拒否されて自信をなくし、人に頼ることが怖くなった。そのため、条件の良い仕事に就くことを諦め、炊き出しの際に支援者から声をかけられても、ほとんど返事すらしなくなった。

私が修一郎と出会ったのは、病院だった。酔っている時に転倒して怪我をし、救急車で運ばれたのである。修一郎は次のように言っていた。

「俺なんて何やったってダメだよ。もう全部諦めた」

彼は自分自身すら大切にできなくなっていた。


この例から見えるのは、ホームレスが社会的偏見にさらされているうちに、劣等感を抱え、自ら社会と距離を置くようになる姿だ。生活だけでなく、心までもが削られていくのだ。

日本にはホームレスの社会復帰を助けるNPOなどの機関が少なからず存在する。だが、それ以上に社会の偏見は強く、一度本人が自暴自棄になってしまうと、社会復帰は非常に困難になる。ホームレス支援が一筋縄ではいかない要因の一つはこうしたところにあるといえる。

途上国　家族みんなで暮らす路上生活者

日本のホームレスと比べると、途上国の路上生活者を取り巻く環境はまったく別物だ。

途上国ではセーフティーネットが少ないため、いとも容易《たやす》く路上生活へと転落する。それは路上生活者の総数を見ても明らかだ。フィリピンは人口こそ一億九〇三万人と日本とさほど変わらないが、路上生活者の数は四五〇万人ほどになるといわれている。ちなみに、これは東京二三区のうち最大人口を占める世田谷区の約四・五倍の数だ。

実際にフィリピンの首都マニラを歩けば、そこかしこに路上で寝泊まりする人の姿を見ることができる。大人はもちろん、子供や乳飲み子までもいる。繁華街の公園は、夜になると野宿する人で足の踏み場もなくなるほどだ。

ここまで路上生活者が多いと、彼らの心境や生活パターンは日本のホームレスとはだいぶ違うものになる。三つ特徴を挙げよう。

1．心理的負担の軽減
2．社会的偏見の軽減
3．路上生活者のコミュニティー形成

1は、町に路上生活者があふれている状況では、家がないことにさほど劣等感を抱かずに済むということだ。

途上国の貧しい人たちは常に家を失うリスクと隣り合わせだ。スラムでは定期的に警察がやってきて強制退去を命じるし、すでに見てきたように台風や洪水の被害にも遭いやすい。料理を作ったり、暖を取ったりする際は火をつかうため、火災もよく起こる。

また、彼らはスラムから離れたところで肉体労働することが多いので、交通費や時間を節約しようとして、平日は仕事場の近くの公園で寝泊まりして週末だけ帰る生活を送る。

コロンビアのボゴタで夫婦で路上生活をしている人はこう言っていた。

「スラムに家はあるんです。けど、町の中心地から離れている丘の上にあるので、行き来するだけでも大変だし、お金がかかってしまう。だから、一カ月のうち三週間は町で路上生活をしながら働いて、残りはスラムの家に帰って過ごしているんです」

こうして見ると、途上国の貧しい人たちは住宅を失うことが珍しくないし、日常的に野宿する機会があるのがわかる。そうした環境では、家をなくして路上生活に転落しても、「仕方のないこと」「まぁ、運が悪かった」「これからがんばればいい」と割り切れる。

途上国の路上で、家族で路上生活をしている人をよく見かけるのは、そのためだろう。日本のホームレスは自身の境遇を恥じて家族と縁を切っているが、途上国では堂々と家族でアスファルトに布を敷いて眠っている。それだけ路上生活が身近なのだ。

インドのコルカタで、家族五人で路上生活をしていた男性はこう語っていた。

「前はスラムに家があったんだけど、警察の取り締まりで追い出されてしまったんだよ。建築資材を買う金もないので、それ以来四カ月ほど路上で暮らしているんだ。

もちろん、家があるに越したことはないよ。けど、家をなくしたからって家族がバラバラになったり、子供を施設に預けたりする必要はないと思う。路上で暮らしたって家族でいる方が楽しいし、みんなでがんばっていれば、いつかまた家に住めるようになるじゃないか」

この家庭の子供たちは、路上生活になったことで学校へは行けなくなったが、自分で教科書を見て勉強をつづけていた。バラックを手に入れたら、また近くの学校へ行くつもりなのだという。

こうした意見を聞いていると、**途上国の路上生活者はあまり卑屈にならず、むしろ一時的なものとして割り切って野宿をしている**といえるだろう。

次に2の「社会的偏見の軽減」について考えてみたい。

途上国では一般の人たちも、路上生活者に対して過度な偏見を抱くことはない。大多数の人は彼らが自己責任で家を失ったとは考えておらず、政治家の無策や世界の不平等が原因だと捉えている。あくまで彼らは犠牲者という位置づけで、責められるべき存在ではないのだ。

また、都市の経済は、何万人、何十万人といった路上生活者によって支えられている実態がある。彼らが荷物運び、清掃、皿洗い、建設業、廃品回収といった3K（「危険」「汚い」「きつい」）の仕事をするから町は成り立っている。それを理解しているので、無暗に排除しようとは考えない。

私が取材したインドの建設会社では、現場の従業員の八割以上を路上生活者が占めていた。経営者はこう話していた。

「うちでは人を雇う時に、誰がどこに住んでいるかなんてまったく気にしてない。一々聞きもしないね。家がある人もいれば、スラムに住んでいる人もいるし、路上で寝ている人もいる。

重要なのは、ちゃんと決められた時間にやってきてきちんと仕事をすることだ。家がないなら、たくさん働いて金を貯めて、家を手に入れてくればいい。それだけのことさ」

彼にしてみれば、家があろうとなかろうと、働いてくれさえすれば従業員であることに変わりはない。

最後に3の「路上生活者のコミュニティー形成」について考えてみたい。

スラムでは住民たちが相互扶助を目的としたコミュニティーを形成していることはすでに述べた。これと同じことが、路上生活をする人々の間にも見られる。

路上での生活には、スラムより多くのリスクが潜んでいる。道端に家具を置いていれば盗まれかねないし、子供たちがはしゃいで走り回っていれば交通事故に遭いかねない。夜に年頃の女性たちだけでいれば、犯罪者や変質者に目をつけられることもある。

彼らはそうした危険から身を守るためにコミュニティーをつくる。大体、三〜五くらいの家族で一緒に暮らし、代わる代わる荷物を見守ったり、子供の世話をしたりするのだ。仕事を融通し合う、食費を分担する、高齢者の介護をするといったことも行う。

路上生活者は町から町に流浪することが多いため、スラムのコミュニティーよりは小規模だ。それでも何家族かが集まっているからこそ、最低限の生活を担保できるのだ。

とはいえ、路上生活が人々に及ぼすデメリットもある。その一つが、子供に対する影響だ。

路上で暮らしている家族は、数日から数週間おきに寝場所を変えるので、子供たちは学校へ通わなくなる。そうなると、自分で勉強しない限りは、基本的な学力が身につかない。

また、路上生活に慣れると、一人でどこかへ行って野宿することの抵抗感が薄くなる。それゆえ、彼らは家庭で少しでも嫌なことがあるとすぐに自分一人でどこかへ行って、平気で道端で寝泊まりする。

たとえば、親にこっぴどく怒られたとする。日本の子供であれば、それだけで家を飛び出してホームレスになろうとは思わないだろう。しかし、路上で育った子供たちは「嫌だから一人で生きていこう」と考え、親元を離れて生きていくのだ。

こうした子供たちは、**ストリートチルドレン**と呼ばれる。世界には、一億〜一億五〇〇〇万人のストリートチルドレンがいるとされているが、そのほとんどは親との死別というより、家庭内不和が原因で親元を離れた子供たちだ。その一因に、路上生活へのハードルの低さがあるのである。

日本　ホームレスの障害や病気

これまで私は数十人のホームレスと膝を突き合わせて話をしてきた。その経験からいえば、知的障害や発達障害があったり、病気を抱えていたりする人が少なくない。

図表4　JR池袋駅周辺の路上生活者における精神疾患の割合

診断名	人数(%)
うつ病	33人 (41.3)
アルコール依存症	13人 (16.3)
精神病性障害	13人 (16.3)
社会恐怖	8人 (10.0)
全般性不安障害	4人 (5.0)
心的外傷後ストレス障害(PTSD)	5人 (6.3)
広場恐怖	3人 (3.8)
パニック障害	4人 (5.0)
その他	4人 (5.0)

*診断が重複する対象者は19人
*2009年の同様の調査ではうつ病有病者数は大きく減少した

出所：森川すいめい・上原里程・奥田浩二・清水裕子・中村好一「東京都の一地区におけるホームレスの精神疾患有病率」日本公衆衛生雑誌 58(5), 331-339, 2011

そしてこれがホームレスの生きづらさにつながっている。

それは統計からも明らかだ。図表4を見ていただきたい。少し古いデータになるが、二〇〇八～二〇〇九年にNPO「TENOHASI」の代表であり、精神科医でもある森川すいめいが、池袋のホームレスを調べた結果だ。

詳細なデータは年によっても異なるが、これを見る限り八〇人のうち六二・五％のホームレスが何かしらの精神疾患を抱えていることがわかるだろう。また、二〇〇九年末の調査では、一六八人のうち三四％がIQ七〇未満、つまり知的障害のボーダーレベル以下だったことが明らかになっている。

一般的な統計と比較して、**ホームレスにおける障害や精神疾患の保有率は有意に高い。**なぜ、そういうことが起こるのか。大きく分けて二つのパターンが考えられる。

1．知的障害・病気が原因でホームレスになる。

2．ホームレスになった後に障害・病気になる。

日本では障害や病気がある人々には、障害年金をはじめとして様々な福祉制度が用意されている。

しかし、それはあくまで医療機関で障害や病気があると認定され、制度の利用を申請した場合に限られる。そうでなければ、せっかく福祉制度はあっても、その恩恵に与《あずか》ることはできない。

世の中では、不幸な生い立ちの子供ほど、こうした福祉制度を受けていない現実がある。親が虐待をするような人間であれば、子供の特性を的確に見抜いて医療機関に連れて行くことは少ないだろう。

こうした子供が医療機関につながらないまま成人すると、障害はなかったことにされてしまう。周囲の人たちは彼が苦しんでいるのを目にしても、障害や病気のせいでそうなっているとは考えず、「ただの不器用な人」とか「浅はかな人」と受け止めて手を差し伸べようとしない。それゆえ、健常者と比べるとホームレスに転落する率がはるかに高まる。

これとは別に、社会に出て働いている大人が、後天的な原因によって障害や病気になることもある。交通事故に遭ったり、脳梗塞が起きたりすることで、脳などに中途障害を負うのだ。

彼らが自分に障害があることを理解し、医療機関につながれば、福祉制度を利用することができるだろう。だが、身体障害と比べて、脳や心の問題は自覚されにくい。そのため、本人も気がつかないまま生きづらさを抱え、あちらこちらで壁にぶつかって、ホームレスになってしまう。

私が知っている例だと、次のようなものがある。

●泰造がホームレスになった経緯

泰造は高校を中退後に電気関係の修理会社で契約社員として働くようになった。だがある日、仕事中に建物の上から転落して頭を強打した。

病院に運ばれたところ頭蓋骨の損傷が明らかになり、長期の入院を余儀なくされた。仕事中の事故にもかかわらず、ブラック企業だったために労災がおりず、入院費用はすべて自腹。さらに企業は泰造との契約を一方的に打ち切った。

数カ月後、泰造は無事に退院したものの、長らく体調不安に悩まされた。病院に相談しても「検査では異常がないから、とりあえず安静にしてください」としか言われなかった。やがて貯金は底を突き、新しい仕事も見つけられず、生活がままならなくなった。そして一年後、家賃滞納でアパートを出された。

泰造は都内のいくつかの駅や河川敷を転々としながら、ホームレスとして暮らした。体調は回復しなかったが、医師から「異常はない」と言われたのを鵜呑みにしており、もう一度検査を受けようという発想にはならなかった。毎日、食べていくだけで精いっぱいだったのだ。

ある日、泰造は風邪をひいてNPOに支援を求めた。駆け付けたNPOのスタッフが、彼の言動に異変を感じて病院へ連れて行ったところ、高次脳機能障害を負っていたことが明らかになった。

高次脳機能障害とは、脳に損傷を負うことで記憶障害、失語症、注意障害などといった症状が起こるものだ。きっとこれが事故の後遺症として彼を苦しめていた原因だったに違いない。

泰造はNPOのスタッフの勧めで福祉制度を利用して生きていくことにした。

残念ながら、病院の診断は一〇〇%正確だとは限らない。当事者が医師の診断を疑って別の医療機関へ行けばいいが、間違った診断を信じてしまえば、泰造のように原因不明の困難を抱えて生きていかなければならない。それが原因で住居を失うのだ。

2は、ホームレスになった後に、障害や病気に悩まされるというパターンだ。

想像してみてほしい。もしあなたが明日から突然ホームレスになったとしたら、どんな心理状態になるだろうか。

寝場所を求めて何時間も町を彷徨《さまよ》ったものの、寒さや騒音がつらくて眠ることすらできない。酔った若者の大声が聞こえる度に、襲われるのではないかと怯える。アルバイトに応募しても次々に落とされ、その日の食事にありつくのが精いっぱい。体調を崩しても、薬局へ行って薬を買う金もない。町の人たちは、そんなあなたを冷たい目で見て通り過ぎていく。

こうした環境に置かれれば、ほとんどの人が心を病むのではないだろうか。うつ病になることもあれば、現実逃避のためにアルコールに走って依存症になることもある。そうなれば、ますます心身の状態は悪くなり、さらに別の病気に悩まされるようになる。パニック障害に、自律神経失調症に、肝臓病……。一度こうした悪循環に陥ると、目の前の困難に向き合うのに精いっぱいで、社会復帰ははるか彼方に遠のいていく――。

こうしてみると、住宅を失ったホームレスが、そこから急激に体を壊していくプロセスが理解できるだろう。ホームレスの中に障害や病気を抱えている人の率が高いのは、こうした事情があるのだ。

途上国 自然淘汰される弱者たち

日本には障害や病気に悩まされているホームレスが多いが、途上国ではどうなのだろうか。

おそらく途上国の路上生活者は、日本ほど日常生活に支障をきたすレベルの障害や病気を抱えている人は多くないと思われる。身体障害や感染症は多いが、精神・知的な問題を抱えている人は少数だ。

正確な統計があるわけではないが、これまで海外の路上生活者や障害者を取材してきた経験から、それはほぼ断言できる。少なくとも日本みたいに三人に一人が知的障害とか、六割以上が精神疾患ということはないはずだ。

なぜ、途上国の路上生活者と、日本のホームレスの間にそうした差が生まれるのか。大きな理由は、途上国と日本では、人が路上生活をするようになるプロセスが異なることだ。

たとえば、インドの大都市で貧しい生活を送る人々の大半が、貧しい地方や隣国の出身者だ。彼らは災害に巻き込まれたり、飢饉《ききん》が起きたりすることで故郷での生活が破綻し、仕事を求めて家族を連れて都市にやってきた。

ポイントは「仕事を求めて」と「家族を連れて」という点だ。故郷が災難に見舞われる中で生き延び、大都会までやってきて路上生活をしながら仕事をし、家族を養うのは、肉体的、精神的に相当タフでなければできないことだ。逆にいえば、重い障害や病気のある人たちには、なかなかそこまでする力がない。これが途上国の路上生活者に健康な人が多い一因だ。

とはいえ、劣悪な生活環境では、途中で疲弊し、心身を病む例も少なくないはずだ。また、路上生活者が産んだ障害児や病児もいるだろう。それなのに、そうした者をあまり見かけないのはなぜか。

この疑問に対して、コルカタの路上で長年暮らしてきた男性が、こう話してくれた。

「この町の道端で生きていくのは大変なんだよ。夏は暑いし、冬は寒い。雨季はずっと雨で、伝染病もひどい。交通事故だってしょっちゅうだろ。だから、生き抜く力のない人は、路上生活をしても早くに死んでしまうんだ。特に子供なんかは、弱い子から順に死んでいく。障害や病気の人間がいないんじゃなく、彼らはいなくなっているんだよ」

路上で危険を回避して生きていくには、それなりに高い能力が必要となる。だが、障害や病気によってその能力が不足していれば、トラブルに巻き込まれて命を落とす可能性は高まる。

私は途上国の路上生活者と接していると、よく**「自然淘汰」**という言葉を思い浮かべる。日本のような恵まれた社会であれば、路上で暮らしていてもすぐに命を落とすことは少ない。だが、伝染病をはじめとした数々の危険が無数にある途上国では、環境要因によって簡単に死亡する。つまり、弱い者から先に淘汰されてしまっているのだ。

残酷なようだが、こうした現実が途上国の路上にあることを忘れてはならない。

第三章

教育

話し合う術をもたない社会、貧しさを自覚させられる社会

途上国 なぜ学校へ行けないのか

どの国にとっても、子供の教育はその国の未来だ。だからこそ、国は学校を建て、教科書を配り、できるだけ高い教育を受けさせようとする。

途上国でもそれは同じだ。国も家族も、できることなら子供を学校へ通わせたいと願っている。だが、残念ながら就学率が非常に低い国もある。

たとえば、アフガニスタンの初等教育の純就学率は、男子が六六％で、女子が四〇％。中等教育だと、男子が一八％で、女子が六％まで下がる。西アフリカに位置するリベリアの場合は、初等教育で男子が三六％、女子が三三％。中等教育は男女ともに一四％だ。

途上国全体で見た場合、初等教育の純就学率は約八〇％となっている。ただし、純出席率になると七五％だから、四人に一人が学校に学籍があっても、実際には通えていないことになる。

一体なぜ、子供たちは学校へ行くことができないのか。次の三点から考えてみたい。

1. 家計が厳しく、子供が働かなければ生活が成り立たない。
2. 学校の数が少なく、家から歩いて通える距離にない。
3. 義務教育に当てはまらない子供がいる。

1と2については、おおよそ想像がつくと思うため、説明は割愛させていただく。日本人にとってわかりにくいのは3ではないか。

ある国で学校教育を受けるには、その国に居住していることを証明する必要がある。日本であれば、外国籍の子供は日本の小中学校への就学義務はないが、当人が日本に住んでおり、就学を希望すれば、日本人同様に学籍を得て無償で教育を受けられる。

途上国でもこれは同じだ。その国の子供であっても、外国籍の子供であっても、その土地に住んでいることを証明すれば、地元の学校へ通える制度になっているのである。

ところが、この制度に当てはまらない子供が一定数存在する。隣国から親と共に不法越境でやってきた子供、出生届が出されておらずに戸籍を持っていない子供、家族で町から町へと浮浪している子供などは、正規の手続きを経て通学することが簡単ではない。

わかりやすいのが、戦争で祖国を追われた子供たちだろう。彼らは着の身着のままで国境を越えて外国へ逃げてくるが、立場の上では不法滞在者である。難民認定されていなかったり、受け入れ国が難民の在留そのものを認めていなかったりすれば、子供たちは存在の許されない立場になり、特別な許可を得なければ学校へ通えない。

かつてマレーシアで出会ったミャンマー難民が、次のように語っていた。

「僕は不法に国境を越えてタイを経由してマレーシアに来ました。それから八年くらいして、こっちで知り合った不法滞在のフィリピン人女性との間に子供を作ったんです。けど、僕は難民として認定されていないし、彼女も不法滞在なので正式に籍を入れることができません。子供も生まれたけど、出生届すら出していない。だから、子供を学校へ行かせたくても行かせることができないんです。今は仕方なく、読み書きを僕と妻が教えていますが、お互いが母語ではない英語で話しているので、うまくいくか心配です」

世界の難民人口は一億三〇〇〇万人とされているが、そのうちＵＮＨＣＲ（国連難民高等弁務官事務所）の支援対象となっているのはわずか三分の二にすぎない。これに不法な経済移民などをも加えれば、その数はさらに増すのは明白だ。

途上国の中でも初等教育の就学率が低い国では、識字率の低下が著しい。アフガニスタンの識字率は、男性が四三％、女性が二九・八％。リベリアでは、男性が六八％

で、女性が七六%だ。

国連が「特に開発が遅れている」と定めた国でいえば、平均識字率は男性七三%、女性六三%。つまり、これらの国の三人に一人は文字の読み書きができない計算になる。

日本人には識字率の低さが何をもたらすのか想像するのが難しいかもしれない。彼らが背負う大きな困難は、その国の公用語や共通語を学べず、他者とコミュニケーションが取れないことだ。

多民族国家では、国の主要な民族の言語が公用語とされており、新聞やテレビで使用されたり、町で見知らぬ人同士が話す時に使われたりしている。

ナイジェリアを例にとろう。この国にはたくさんの言語があるが、広く使用されているのは三大民族の言語（ハウサ語、ヨルバ語、イボ語）であり、公用語は英語となっている。そのため、これらの言語を学校で学ばなければ、新聞を読むことも、都会で人と話をすることもできない。

こうなると、その人たちは自分の言葉が通じる狭いコミュニティーの中だけで行動しなければならなくなる。メディアに触れる機会がないので、正しい情報を入手しづらい。そうした状況は、彼らの行動や思考を非常に偏ったものにさせる。

実はこうしたことが原因で、いろんな社会問題が起きているのだ。次はナイジェリアのニュースだ。

●ナイジェリアで続く「赤ちゃん殺害」、多胎児への迷信根強く

ナイジェリアの一部の地域では、双子や3つ子といった多胎児で生まれてきたり、出産時に母親が死亡した新生児を、災いを招くとの迷信から殺害する習慣がかつて横行していた。それはいまでもひそかに行われており、そうした事態を防ぐため、首都アブジャにある孤児院が子供たちを引き取って育てている。

孤児院の共同創設者は「どうかこの子どもたちを私たちに育てさせてほしいという、懇願に近い思いだ。出産時に母親が死亡したり、双子や3つ子、またはアルビノとして生まれてきたというだけで、この子たちは悪魔扱いされている」と話す。

双子を生んだ女性は、赤ん坊の命を救うには孤児院に預けるしか方法がなかったと話す。「正直言って話すのもつらい。子どもたちが今も生きているのかさえ、私には分からない。子どもたちを孤児院に送るよう家族に言われた。そこなら神様が守ってくださると思い、連れて行った」と語った。

活動家や政府は、新生児殺害につながる迷信の払拭《ふっしょく》に努めるとともに、子どもたちが受け入れられるよう対策に乗り出している。

（「ロイター」2018年9月27日）

おそらく読者の大半は、このニュースを読んで頭を傾《かし》げただろう。どうして二十一世紀の今、こんな迷信を信じる人間がいるのだろうか。

しかし、逆に考えてほしい。どうしてあなたは、こうした迷信に惑わされずに生きていけているのか。

それはあなたが教育を通して論理的に物事を思考する力を持っているからだ。正確な情報を手に入れ、合理的に考えることができれば、災いを起こすとして双子や先天性疾患の赤ちゃんを殺すことはないだろう。教育のお陰で、あなたは根も葉もない噂に引っ張られずに済んでいるのだ。

しかし、正しい情報を手に入れることも、筋の通った考え方もできなければ、どうなるか。何の疑いもなしに、根拠のない噂を鵜呑みにし、感情的に行動してしまう。だから、こうした事件が起こる。

途上国の治安を脅かしている暴動や差別や内戦においても同じことが言える。一部の人たちが自分の利益のために扇動的な話をすれば、教養のない人たちは簡単に洗脳され、言われた通りに動くようになる。それが国家を揺るがす事態を生むのだ。

二〇一四年、ノーベル平和賞を史上最年少で受賞したパキスタン出身のマララ・ユサフザイさんは、国連演説の中で次のように語っている。

「パキスタンやアフガニスタンをはじめ、世界各地ではテロや戦争、紛争によって子どもたちが学校に通えなくなっています。こんな戦争はもうたくさんです。女性と子どもは世界各地で、さまざまな苦しみを抱えています。インドでは、罪のない貧しい子どもたちが児童労働の犠牲になっています。ナイジェリアでは多くの学校が破壊されました。アフガニスタンの人々は数十年間にわたり、過激主義に苦しめられてきました。幼い女の子たちが家事労働に使われ、早婚を強いられています。貧困、無知、不正、人種主義、そして基本的権利の剝奪は、男性にとっても女性にとっても重大な問題です」（国際連合広報センター、二〇一三年七月十二日）

彼女の言葉は、まさに**教育の欠如が世界の脅威となる**ことを示しているといえるだろう。

日本　義務教育という恵まれた制度

ほぼすべての人が義務教育を修了しているという点において、日本は非常に教育が行き届いた国だ。

子供の数が数人しかいない集落や離島にさえ学校は設置され、担任の教員から校長

図表5　高校卒業後の進路(世帯年収別)

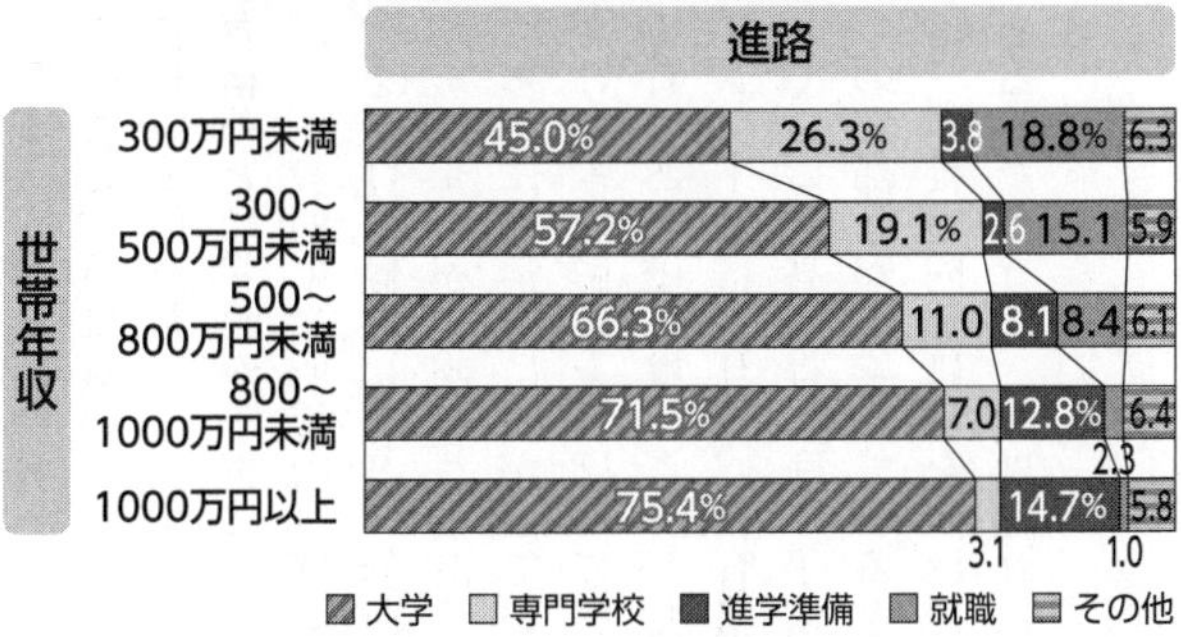

＊東京大学社会科学研究所・ベネッセ教育総合研究所「子どもの生活と学びに関する調査」
＊数値は高校3年生(卒業時)906名のデータ。
＊「大学」は短期大学を含む、「その他」はその他の進路、決まっていない、不明の合計。

出所：木村治生「【データで語る日本の教育と子ども】第6回「貧困の連鎖」を防ぐには―大学進学をめぐる日本の現状」チャイルド・リサーチ・ネット 2020年7月17日掲載

まで生徒を迎え入れてくれる。授業では主要科目だけでなく、音楽や美術や体育といった教科にも力を入れている。

障害児や病気の子供にも、学習の機会が提供されている。一般の学校にも特別支援学級が用意されているし、特別支援学校は知的障害児用や聾《ろう》唖《あ》者用などに分かれている。小児がんなど難病で病院に長期間入院しなければならない子供には、院内学級が設けられている。

このような教育環境のおかげで、日本の識字率は九九%以上と世界最高水準に達している。障害者など一部の人を除けば、ほぼすべての日本人が日本語の読み書きができるのだ。

日本の教育環境は良いことずくめのように見えるが、日本には日本なりの課題がある。貧しい子供たちが直面する**「教育格差」**である。

教育格差とは、親が子供にかける教育費が、親の所得や環境によって違いが生じることだ。一般的に高所得の家庭であればあるほど、子供に対して塾や英会話など習い事に金をかける傾向にあり、低所得の家庭であればあるほどそれができなくなる。

これを示すのが、図表5（87ページ）である。高所得の家庭と、低所得の家庭とでは、明らかに進学率に差が出ているのがわかるだろう。親の経済力が、子供の教育にそれだけ大きな影響を及ぼしているのだ。

当事者である子供は、こうしたことを強く感じ取っているようだ。十八歳を対象にしたアンケートによれば、教育格差を感じていると答えた人が、四八・九％と約半数に達している。高所得家庭の子供は気づきにくいことを考慮すれば、低所得家庭の子供たちの大部分が実感しているといえるかもしれない。

では、学校の内部に目を向けた時、途上国の学校と日本の学校とではどのような違いがあるのだろうか。次はそれについて考えてみたい。

途上国　「生きる」ための授業

スラムは貧しい人々によって占拠された不法な居住区だ。それでも、大抵の国はスラムにも学校を建てている。教育の機会の提供は国の義務だからだ。

途上国の学校の特徴は、富裕層の通う学校と、貧困層の通う学校がはっきりと分かれていることだろう。日本の公立校のようにいろんな階層の子供たちが集まるのではなく、階層によって通う学校がまったく異なるのだ。

インドを例にとってみよう。インドの富裕層は、子供を都市にある一流私立校やインターナショナルスクールに通わせるのが一般的だ。学費も日本円にして年に数十万円から一〇〇万円を超す金額となっている。教員は子供たちをエリートとして育てるべくハイレベルな教育を施し、子供たちは国内の一流大学、もしくは海外の大学への留学を目指す。

他方、貧困層が子供を通わせるのは公立校だ。授業料は無償で、貧しい家庭の子供ばかりが通っている。教科書に基づいて授業が行われているが、学習レベルはさほど高くない。

こうした公立校に通う生徒やその親は**「学校ではここまで学べばいい」**と教育の終

了時期を自ら決めることがある。子供たちは学校生活を楽しんでいる一方で、家族のために働く時間を減らしてまで通学しているという後ろめたさを抱えている。それゆえ、ある段階にまで達すると、自己判断で「中退」してしまうのだ。

インドのビハール地方の農村で出会った子供が、まさにそうだった。彼は小学校へ通っている時は勉強が大好きだといって、教えられたことを一生懸命に覚えていた。だが、彼はある日ピタリと学校へ行かなくなった。あんなに熱心だったのになぜなのか。その理由を次のように語った。

「言葉は覚えたし、計算もできるようになったので、もう学校へ行っても意味がないからやめたんだ。働いた方が家計の助けになるからね」

農村で育てば、大抵の子供は父親と同じように農夫として生きていくことになる。その時に連立方程式や化学記号などは必要ないと考え、通学をやめてしまうのだ。スラムの子供たちも同様である。

家庭側のこうした考え方を踏まえ、学校の教員が彼らの実益に沿った教育をしていることもある。エチオピアで私が訪れたスラムの小学校には、国語や算数の他に、ビーズを使用したアクセサリーを制作する授業があり、生徒たちは作った物を近所の市場へ持って行って販売していた。女性教師は次のように話していた。

「もし彼女たちが将来生活に困った時に、アクセサリーを作って販売する方法を身につけておけば収入を得ることはできるでしょ。今だって、親が病気になれば、すぐに働かなければならない子がたくさんいる。だから、学校では彼らの生活の糧《かて》になることを教えたいし、そうやっていれば子供たちも学校に通いつづけるのよ」

貧困層の子供が多く集まる学校では教科書に沿って授業を進めればいいというわけではない。目の前の子供たちにとって何が必要かを考えて、授業内容を変えていく柔軟さがなければ、子供たちに必要とされないのだ。

日本　高所得者の子と低所得者の子が混在するクラス

日本にも、慶應義塾のような幼稚舎からつづく私立の名門一貫校は存在する。これなどはまさに、途上国の富裕層が子供をエリートにするために一流私立校へ通わせるのと同じ形だ。

ただし、途上国と大きく異なるのは、日本では名門私立校といってもほとんどは中学受験を経て入る中高一貫校か、大学の附属校である点だ。そのため、富裕層の子供であっても、小学校までは地元の公立校に通っているのが普通だ（地域によっては中学受験が盛んでないため、中学まで公立というケースも少なくない）。

すでに述べたように、日本の混在型都市では、高所得者と低所得者が同一の地域に暮らしている。そのため、公立の小中学校には、学区内に暮らすいろんな階層の子供たちが集まっている。年収三〇〇万円以上の家庭の子供もいれば、年収五〇〇〇万円の家庭の子供もいるし、生活保護を受けている母子家庭の子供もいる。それらすべての子供が一つの教室で机を並べるのだ。

また、日本の公立の小中学校で行われているのは、標準レベルの生徒に合わせた授業だ。三〇人から四〇人くらいの学力の異なる生徒が理解できるような形で進められる。主要科目以外の教育も重視され、音楽、美術、図工、技術、道徳、家庭科などといった授業に割り当てられる時間は、諸外国と比べても長い。

私はこうした日本の教育を悪いものだとは思っていない。しかしながら、各家庭の親が学校とは別に子供に習い事をさせることによって、一段も二段も高いレベルに引き上げようとする時、子供たちの間に経済格差による不平等が生じることがある。

そのことを踏まえて日本の教育の利点と欠点を示すと次のようになる。

利点……全員が一定以上の教育を受けられ、チャンスをもらえる。
欠点……子供たちの競争において、経済格差が有利不利を生み出す。

利点の面から考えてみたい。

日本の公立校では先述のように標準レベルの授業が行われている。高校や大学の入試問題は教科書の内容の範囲で出題されるため、子供たちが授業の内容を理解できていれば、そこそこのレベルの学校へは進学することができる。

また、親から習い事をさせてもらえなくても、主要科目以外の教科や部活動（クラブ）によって、その子が学力以外の才能や可能性を見いだす機会もある。その道のプロにならなくても、子供にとっては自尊心を高めたり、視野を広げたりすることに役立つだろう。

進学に際しては、貧しい家庭の子供のために奨学金や支援金の制度が用意されている。それを利用すれば、ゼロとはいかないまでも、家庭の負担は大幅に軽減される。

ここからいえるのは、日本の公立校では、どんな家庭の子供であってもある程度の学力をつけ、進学するだけの教育が行われているということだ。本人の努力次第で、そこから大きな企業へ就職するなどして貧困から脱することも夢ではないし、スポーツや芸術の道を切り開いていくこともできる。

先ほど述べたように、途上国の貧困地域にある公立校は、基本的には義務教育で学業を終えることを前提とした指導をしている。それに比べれば、日本は子供のやる気によってどこまでも可能性が広がるような指導をしているといえるだろう。それは貧しい家庭の子供にとっては大きな利点だ。

しかしながら、公立校に通う貧しい子供たちがみなその恩恵を受けているわけではない。途上国の公立校に比べればチャンスはたくさん用意されているのに、それを自ら捨ててしまう子供たちが一定数いるのだ。

なぜか。それは**経済格差の中で子供たちの中に生まれる劣等感**が深く関係している。貧しい子供たちは高所得家庭の子供たちと過ごし、競い合ううちに、持たざる者としての自分の立場を思い知らされるのである。

たとえば、公立学校では授業料こそ無償だが、給食費や修学旅行費の積み立て、部活動の諸経費などは各家庭の負担であり、子供たちの中には経済的な事情から支払いが困難な家庭もある。

文部科学省の調べでは、公立の小中学校の生徒の約一％が給食費（小学校が月平均四四七七円、中学校が月平均五一二一円）を未納しているとされている。こうした子供たちが、「うちの家は貧乏で恥ずかしい」とか「もう学校に行きたくない」といった否定的な気持ちを抱いてしまうのは仕方のないことだ。

また、学校内外でのクラスメイトの何気ない付き合いから、子供たちが家庭環境の違いを痛感することも少なくない。富裕層の子供が誕生日に高価なプレゼントを買ってもらっていたり、夏休みに海外旅行へ行っていたり、最新のゲームやスマートフォンを持っていたりすれば、貧困層の子供たちは家庭環境の違いを痛感するだろう。

習い事においても明確な差がある。たしかに日本の公立校もそれなりのレベルの授業をしている。だが、富裕層の子供は、小さな頃から学校以外にも学習塾や英会話に通っており、より高いレベルの教育を受ける機会に恵まれている。これはスポーツや芸術などにおいても同じだ。そうなれば、本人の努力だけではなかなか埋められない差が生じることもある。

事例から、よりリアルに考えてみよう。

●美菜の学歴

美菜は、兵庫県内で水商売をしている母親の娘として生まれた。母親は仕事が終わった後も朝まで客と飲み歩いて帰って来ず、実質的に同居していた祖母によって育てられた。

祖母は母から養育費を受け取っていなかったので、自身のパート代でやりくりしていた。友達はよく地元のプールやスケートに行こうと誘ってくれたが、美菜は祖母にお小遣いをせがむことができず断ってばかりいた。遠足の時も、お菓子を持参できないのが恥ずかしく、仮病を使って休んだこともあった。

中学に入ると、美菜はこれまで以上にお金のことを気にする機会が増えた。制服や上履きが小さくなっても買ってくれと言い出せず、虫歯になっても歯医者へ行かずに痛みに耐えようとした。おしゃれな服がなかったので、外出の際は常に制服だった。

クラスメイトたちの中には塾を掛け持ちして受験勉強に励む者もいた。だが、美菜には高校へ行くことに躊躇《ためら》いがあった。受験のためにはお金がかかり、進学した後も何かと出費が重なる。この頃、祖母は体調を崩しており、自分のために無理をさせるわけにはいかないという事情もあった。

美菜は悩んだ末に進学を諦め、中学卒業後はアルバイトをして生きていくことにした。自分で選んだこととはいえ、高校生になった同級生たちが輝いているように見えた。美菜は彼らと距離を取り、同じような境遇のフリーターたちと付き合うようになっていった。自分は日陰の存在で、変に夢を抱いてはいけないという気持ちがあった。

十八歳の時、彼女はフリーターの男性との間に子供ができた。幸せな家庭を夢見て結婚し、出産したが、一年も経たずに離婚。それから六年が経った今は、生活保護を受けながらシングルマザーとして生きている。


美菜のような低所得家庭の子供は少なからずいる。幼い頃から貧しいことが原因で何度も傷ついた体験を重ねているうちに、いろんなことを諦めていってしまうのだ。

彼らの中にあるのは大きな劣等感だ。「うちは貧しいから、これ以上迷惑かけちゃいけないんだ」「努力したって無駄なんだ」「自分は普通の人と比べて劣っているんだ」。そんな気持ちが生まれるのである。いくらチャンスがあっても、心が削られてしまうと、そこから抜け出せなくなる。

ある高校の教師はこう語っていた。

「経済的に豊かではない家庭の生徒は、親に負担をかけまいとして大学受験をしない傾向にあります。彼らは日常的にお金のことで親を困らせているという罪悪感を抱いています。だから、これ以上負担になってはいけないとか、自分が早く親を助けなければならないと考える。それで大学進学を諦めてしまうのです。うちの高校の場合は、入学当初から就職を希望する生徒の八割以上が所得の低い家庭の子供です」

もう一度言うが、私は日本の教育システムを否定したいわけではない。ただ、混在型都市の中では、低所得家庭の子供たちは、自分たちが抱えるハンディーを感じやすく、それによって劣等感が生じると、子供自身が身の回りにある様々なチャンスを放棄することがあるのだ。それだけ、彼らの中に植えつけられた劣等感が足枷《あしかせ》になるのである。

昔、アフリカのギニアの出身である有名外国人タレントと貧困についてのトークイベントをした際に、彼がこんなことを言っていたのが印象的だった。

「僕は大人になるまで、自分が貧しいって思ったことなかったよ。周りがみんな大変だったから、それが当たり前だって思っていた。だから、つらいとか大変だったっていう記憶がないの。けど、日本はそうじゃないでしょ。子供の時から自分は貧乏だとか、頭が悪いとか植えつけられる。こんなのかわいそうだよ。僕だったら嫌になっちゃうもん」

教育格差のもっとも恐ろしいのは、子供たちのメンタルにまで入り込み、人生を壊すことなのである。

途上国　国によって異なる男女の教育格差

最後に、教育における男女格差について見ておきたい。

日本において、教育における男女格差は統計を見る限り大きな差はないといっていいだろう。中学校就学率、高等学校就学率に関しては、ともに九〇%以上に達しており、大学進学においては、男子が五八・一%、女子が五一・七%となっている（内閣府「男女共同参画白書　令和四年版」）。

もちろん、大差はないとはいえ、男女の進学率に違いがあるのは確かであり、その背景には女子より男子に教育費をかける家庭が多かったり、女性の就業を重視しない社会的風潮が残っていたりすることがあるだろう。

途上国では、こうした傾向が桁違いに深刻なものとなる。男子に比べて女子の初等教育修了率が有意に低い国としては、イエメンやパキスタンがある。イエメンでは男子七〇％に対して女子五五％、パキスタンでは男子六四％に対して女子五五％だ。初等教育の段階でここまで差が出る国はそうそうない。

これを見て、宗教の影響ではないか、と考えた人もいるだろう。たしかにどちらもイスラーム教を国教としているが、宗教だけに原因を求めるのは正しくない。たとえば、同じイスラームの国でもエジプトやインドネシアは共に男子九一％に対して女子九二％だ。

実は、イエメンもパキスタンも首都をはじめとした都会での男女の初等教育修了率はあまり差がない。違いが顕著なのは、地方の部族が実質支配している地域なのである。

両国には、部族が国家より力を持っている地域があり、そこでは前時代的な男尊女卑の考え方が残っている。そのため政府がいくら近代化を進めて女性に教育を普及させようとしても、部族がそれを拒絶するということが起こる。つまり、政府や宗教というより、地域を支配する部族の習慣によって、女性が教育から引き離されているのだ。

他に女子の就学を遠ざける要因となっているのが、戦争などによる極端な治安の悪化だ。顕著な例はいくらでもある。たとえば、次の国を見ていただきたい。いずれも小学校の修了率だ。

・中央アフリカ共和国……男子五四%、女子三三%
・チャド……男子三一%、女子二四%
・南スーダン……男子三一%、女子一八%

これらの国はアフリカの中部に位置していて、戦争をしていたり、政情が不安定だったりする。中央アフリカ共和国ではイスラーム勢力とキリスト教勢力が激しく対立して混乱が生まれているし、チャドも同じような構造で長年内戦がつづいてきた。南スーダンにいたっては内戦の末に二〇一一年に分離独立した国だが、今も国境などを巡る戦闘が起きている。

こうした国々では民族や宗教対立によって人々が疑心暗鬼になっている上に、強姦や虐待、誘拐といった犯罪が頻発する傾向にある。そうした環境では、女の子が一人で町を歩いて学校へ通うことは難しい。

以前、スーダンで教育支援をしていたNGOの職員が次のようなことを話していた。

「町が戦場となれば、学校は一時的に閉鎖されるのが普通です。ただ何年も戦争がつづいている地域では、ずっと閉じているわけにはいかないのでやってはいるんです。けど、そんな学校にゲリラが押し入ってきて子供を誘拐するとか、戦争で心の荒んだ子供が暴力を振るうとかいったことが起き、学校が凶悪犯罪の現場と化すことがあります。当たり前ですけど、女の子はそんなところへ近づきたがりませんし、親も行かせたがりません。それで女の子の方が教育を受ける機会をなくしてしまうんです」

教育のための施設が犯罪の場と化した時、女子の就学率が格段に下がるのは仕方のないことだろう。

これらとは別に、途上国の中には女子の方が男子より教育に熱心な国もある。次は高校の修了率だ。

・タイ……男子五九％、女子七二％
・フィリピン……男子七四％、女子八三％
・ドミニカ共和国……男子四八％、女子六六％

どうして女子の就学率が高くなるのか。大きく分けて二つの理由がある。

一つには、農村や漁村など第一次産業の現場では、男子は中学生くらいの年齢になると一人の労働者として見なされるため、学業より、仕事を優先することを求められるからだ。

農業であれば田植えや収穫期などの繁忙期があるし、漁業には長い間船に乗らなければならない漁期がある。だからこそ、学校での勉強を切り上げ、一早く仕事に従事して専門知識を磨くことを求められる。いくら学校に通っても、仕事で必要とされる知識や経験は身につかない。

このような第一次産業が優先される社会では、女子は体力がないので労働力になりにくい。それなら中途半端な形で働かせるより、高校の卒業まで待ってその後に力になってもらいたいと考える。そうした風潮が、女子の高校の修了率を上げるのだ。

インドネシアの漁村でこんな話を聞いたことがある。

「うちの村では男の子は幼い頃から海に出て、十二歳ぐらいになれば漁師として働くようになる。その頃から学校へは行かなくなるね。ただ、女の子の場合はちょっと違う。船に乗ることはないから、ある程度の年齢になったら町に移ってレストランや工場で働くことになる。だから、女の子には都会で働けるようにちゃんと学校へ行ってもらうんだよ」

男性と女性とでは進む道が異なる。親はそれに応じてどこまで教育を受けさせるかを決めているのだ。

二つ目の理由として挙げたいのが、女子の出稼ぎが就学に及ぼす影響だ。すでに述べたように、フィリピンのGDPの一割は、出稼ぎ労働者をはじめとした海外からの送金である。国内に仕事がないため、多くの若者が海外へ出ていって、そこで稼いだお金を仕送りしているのである。そしてこの出稼ぎ者の多くを占めているのが女性であり、フィリピンでは約七割に達している。

なぜ男性より女性の方が出稼ぎに行くことが多いのか。男性が出稼ぎに行く場合は、建設など肉体労働が多くなる。ただ、これらの仕事は体を壊しやすい上に、その国の貧困層の人たちと仕事を奪い合わなければならない。そうなるとアジアの小柄な男性は不利になる。

他方、女性の出稼ぎの仕事は家政婦、ウエイトレス、介護、美容、ホステスといったサービス業が中心だ。中東のような宗教上の理由で自国の女性が社会に出ることをよしとしない国では、出稼ぎでやってくる外国人女性、特にホスピタリティーのあるアジア系の女性が労働力として重宝される。

たとえば、サウジアラビアでは自国の女性の多くは、学業を終えれば就職せずに家事手伝いを経て結婚する。女性の就業率はわずか一五%だ。そうなると、一般的に女性が就くことが多い職業は、海外の出稼ぎ労働者が担うことになる。その需要を埋めているのが、フィリピンやインドネシアといった国からやってきた女性たちなのである。

とはいえ、異文化でサービス業に従事するのは容易いことではない。サウジアラビアで介護の仕事をしようとすれば、その国の文化を理解し、外国語を習得し、人々の気持ちを読み取ることができなければならない。それには、相応の教養が必要になる。だからこそ、海外へ出稼ぎに行くことが多い国では、女性の就学率が自然と上がる。

以上、見てきたことを考え合わせれば、国の貧困のあり方によって、男女の教育格差がどのような形をとるのか違ってくるのがわかるだろう。貧困地域において教育の欠如は大きな問題だが、それが生み出す様相はその国の社会事情によって大きく変わってくるのである。

第四章

労働

危険だが希望のある生活、保障はあるが希望のない生活

途上国　崩壊の危険と隣り合わせ

アジアやアフリカの市場へ足を運べば、庶民のむせ返るほどの熱気を感じるだろう。

露店には野菜、雑貨、衣服、花、魚、工具などあらゆる商品が山づみにされ、屋台からは香辛料のにおいの強い煙が立ち込めている。あたりに響くのは、店主が客を呼び込む声だ。果物の皮や魚の頭が捨てられた道では、野良犬が長い舌を出して歩き回り、カラスがゴミをついばんでいる。そこに荷物をつんだ車やバイクがクラクションをけたたましく鳴らして突っ込んでくる。

市場がいくらエネルギーにあふれていても、そこで暮らす人々の暮らしは必ずしも楽だというわけではない。商店の店主ならまだしも、その下で働く貧困層の収入は微々たるものだ。一人の生活であれば何とかなるが、家族全員の分までは稼げないので、子供にも働いてもらわなければならない。

そのような厳しい生活にあっても、大半の人々はいつか成功して金持ちになりたいという野心を持っている。なぜそんなにギラギラできるのかといえば、社会が緩い分、身の回りに様々なチャンスが転がっているからだろう。簡単にいえば、一発逆転が可能なのだ。

たとえば、リキシャの運転手、煙草売り、廃品回収、靴磨きといった仕事がある。これらは労働の中でも下層に位置する不安定なものであるが、稼げば稼いだ分だけその人の収入になる。それぞれ次のような仕組みになっている。

・リキシャ運転手……リキシャ（自転車）は一日数百円でオーナーからレンタルする。それを差し引いた収入がすべて運転手の利益になる。
・煙草売り……自費で煙草を仕入れ、利益分を上乗せしてバラ売りする。お菓子売り、ティッシュ売りなども同様。
・廃品回収……元手はかからず、回収した廃品を売った利益がそのまま手に入る。
・靴磨き……靴墨、ブラシ、スポンジなどは自費で購入する。売り上げはすべて本人の利益になる。

これらの職業はなかなか儲からないからこそ下層に位置づけられているのだが、労働者と仲良くしていると、一工夫凝らすことによって大金を手に入れて貧困から脱したという話をよく聞く。

タンザニアで知り合った男性がいる。彼は農家の五番目の男の子として生まれ育った。中学までは行ったものの、これ以上親のすねをかじって生きていきたくないと考えて都会に出た。そこで彼は荷物運びや清掃などたくさんの仕事をしてきた。

十代の終わり、彼は自転車の修理屋の手伝いをすることになった。パンクやブレーキを直したり、壊れた部品を取り換えたりする仕事だ。最初は何もわからなかったが、オーナーに手取り足取り教えてもらいながら徐々に専門知識や技術を身につけていった。

二十代の半ばになって、彼は店のオーナーと仲違《なかたが》いしたのをきっかけに、店から修理道具一式を盗んで出ていった。そして隣の市場の隅っこにゴザを敷き、木の板に「自転車の修理屋」と書いて店をオープンした。

新しい店で、彼はこれまでとは違った仕事までこなした。バイクや農機具など機械全般の修理まで請け負ったのだ。彼は手先が器用だったことに加え、サービス精神が旺盛だったために信用を集め、瞬《また》く間に大勢の客を獲得していった。

彼は一年余りでゴザを敷いただけの店をやめ、店舗を借りて本格的に開業した。そして数年のうちに数人の従業員を雇えるまでになり、自前で店を建てて町一番の修理屋になったのである。

もう一人、インドで知り合った男性の例を紹介しよう。

彼は子供時代に親に連れられて農家から町のスラムに移り住んだそうだ。十五歳で親元を離れて、一人で廃品回収をして生きていくことになった。来る日も来る日も町を歩いて、プラスチックやアルミを探しても、競争相手が多いので大した収入にはならない。

ある日、彼は町工場の社長とたまたま知り合う機会を得た。彼はチャンスだと思って言った。

「あなたの工場の前は市場があるのでゴミが散らかっていて清掃が大変でしょう。私が朝と夕方に毎日掃除をします。その代わり、あなたの工場から出るゴミを分けてくださいませんか」

彼は町工場の中に大量の段ボールが運び込まれているのを知っていた。この段ボールが捨てられる日は廃品回収の人々で奪い合いになっていた。それに目をつけて、彼は工場の前の清掃をする代わりに、不要になった段ボールをすべてもらおうとしたのだ。

社長は市場のゴミの処理に頭を悩ませていたらしく、その場で了解してくれた。彼は約束通り一日二回せっせと掃除に励み、町工場の周りを常にきれいにした。

この働きぶりに感動した社長は、約束通り不要になった段ボールを提供しただけでなく、知り合いの町工場の社長を二人紹介し、同じように清掃を依頼した。その町工場からは大量の廃プラスチックをもらえた。彼は一日清掃をするだけで、普段なら

二、三週間働いて集められるくらいの量の廃品を手に入れられるようになった。彼はその金を元手にしてリサイクル業や飲食業をスタート。今では事業家として活躍している。

この二つの例からわかるように、途上国では社会全体が緩く、当事者の合意があれば物事が簡単に動く。それゆえ、修理道具を盗んで道路にゴザを敷いて店を出すとか、社長に直談判して廃品をもらうといったことが可能なのだ。いってしまえば、余白のある社会では、本人の行動やアイディア次第でチャンスを手に入れ、成功をつかむことができる。そしてそれが彼らにとっての希望となるのである。

そういえば、バングラデシュのコックスバザール郊外にある魚の加工工場を訪れた時に、従業員から仕事に対する考え方を教えてもらったことがある。この工場では男性の日給が約三〇〇円、女性が約二〇〇円だった。私が彼らに「一生ここで働くつもりですか」と尋ねたところ、若い男性はこう答えた。

「工場の仕事には未来がないので、ずっとやるという気持ちはありません。ここで二年ぐらい働いてお金を貯めてから、ダッカの街に行ってリキシャの運転手をやりたいと思っています。

もちろん、リキシャの運転手だって工場の仕事と同じ程度、悪くすればそれ以下の収入でしかないのは知っています。だけど、成功することもあるんです。これは聞いた話ですが、僕と同じ村の男性がダッカでリキシャの運転手をやっていたところ、お金持ちに気に入られて専属として働くようになって、お給料もかなりもらえるようになったそうです。彼はそれでリキシャを何台か買って、今度は運転手にリキシャをレンタルする商売を始めて大成功したといいます。だから僕も同じようにリキシャの運転手になってお金持ちになれるように努力したいんです」

彼が言うような成功者は、現実的には一握りだろう。だが、そういう成功例が、貧しい人たちには「いつか自分も貧困から抜け出せるかもしれない」という希望の光になっているのである。

日本　希望の欠けたシステム

国内の低所得層の人たちは、どのような仕事に従事しているか。

日本では、職種というより、まず雇用形態が給与を大きく左右する。同じ飲食店のサービス業であっても、正社員であればそれなりの額の給料をもらえるが、非正規雇用だと時給が低い上に、思うようにシフトに入れずに月収が予定より大幅に下回るということも起こる。

大方の非正規雇用の給料は、最低賃金にかなり近い額で設定されている。最低賃金

図表6　令和4年度地域別最低賃金改定状況

	都道府県名	最低賃金時間額（円、令和4年度）	最低賃金時間額（円、令和3年度）	発効年月日
1	東京	1072	(1041)	令和4年10月1日
2	神奈川	1071	(1040)	令和4年10月1日
3	大阪	1023	(992)	令和4年10月1日
	青森	853	(822)	令和4年10月5日
	秋田	853	(822)	令和4年10月1日
	愛媛	853	(821)	令和4年10月5日
	高知	853	(820)	令和4年10月9日
	佐賀	853	(821)	令和4年10月2日
	長崎	853	(821)	令和4年10月8日
	熊本	853	(821)	令和4年10月1日
	宮崎	853	(821)	令和4年10月6日
	鹿児島	853	(821)	令和4年10月6日
	沖縄	853	(820)	令和4年10月6日

出所：厚生労働省「地域別最低賃金の全国一覧」

とは、最低賃金法に基づいて定められた賃金の最低額であり、その額は図表6のように自治体によって差がある。

東京都の場合は一〇七二円。これはどれぐらいの額かといえば、一日八時間、週に五日働いた場合で一カ月一七万一五二〇円だ。ここから年金や保険料や税金、人によっては学費や車のローンを支払わなければならないので、手取りは一四万円を切るだろう。

　この額では、毎月節約をして生きていくのに精いっぱいで貯金することは難しい。途上国の貧困層と比べれば、衣食住を確保することにおいては安定しているが、困窮した状況を打破して富裕層になれる可能性は極めて低い。

　なぜか。逆説的ではあるが、法律によってがんじがらめにされた社会には余白がないため、エビで鯛を釣って成り上がるようなことは非現実的なのだ。

　たとえば、野球場でビールが一杯八〇〇円で売られていたとしよう。ここでビール売りのアルバイトをしていても、時給は一〇〇〇円ちょっとなので、普通に働いているだけでは相対的貧困から抜け出せない。

　しかし、もし野球場に自分で買ったビールを持ち込んで、半額の四〇〇円で売ったらどうか。あっという間に売れ、アルバイトの給料の何倍もの額を稼げるだろう。そうすれば貧困から脱出できるはずだ。

　こうしたことは途上国の緩い社会ではできるが、日本のような厳しい社会では認められない。そうなると、人々は賃金の低い仕事を黙々とやりつづけるだけで、未来に希望を見いだしにくい。つまり、生きていくことはできるが、光はないのだ。

　取材で知り合った心理カウンセラーが次のように語っていた。

「低収入の非正規労働者が、心を病んでしまうことは少なくありません。表面上の理由としては、上司からのパワハラだとか、生活が立ち行かなくなったといったことがありますが、根底で共通しているのは、見通しのつかない生活がずっとつづくことへの不安があります。

未来に何かチャンスが見えていれば、そこまではがんばってみようとか、努力すれば逆転できるかもしれないと前向きな気持ちになれます。しかし、それがなければ、人生が変わることもない。本人は何のために生きているのだろうと鬱々《うつうつ》とします。そういう気持ちがベースにあるので、何か些細なことが起きた時、心が折れてしまうのです。

こういう人に対しては、良いアドバイスがあまりありません。こうすれば希望が持てるという要素が、社会の中にほとんどないからです。そうなると、心を病んだ人が社会復帰することも難しくなってくるのです」

工場で非正規雇用として働いている限りは、食いっぱぐれてホームレスに転落することはないかもしれない。だが、その低い給料では、最低限の生活の維持が精いっぱいで、結婚や子育ては夢のまた夢だ。

生きてはいけるが希望のない国。途上国と比べると、日本はそんなふうに見えるのかもしれない。

途上国　もし仕事を失ったとしたら

ここまでスポットを当ててきたのは、途上国や日本の貧困層の人々がどのような気持ちで仕事と向き合ってきているかということだった。次に考えたいのは、彼らが仕事を失った後のことである。

途上国のスラムなどでは、人々が職を失った時、コミュニティーの相互扶助システムが機能するということはすでに述べた。だが、コミュニティーに入っていなかったり、何かしらの事情で相互扶助システムが機能しなかったりすれば、彼らは自力で命をつないでいくしかない。

そんな彼らが生き延びる手段の一つが**経済難民**になること、つまり他国へ「出稼ぎ」に行くことである。自国より豊かな国へ移り、そこで働くことで生活の糧を得るのだ。これまでも部分的に見てきたが、重要なのでここでしっかりと押さえておきたい。

まず具体的にイメージしてもらうために、南アフリカに渡ったジンバブエ人の例を見てみよう。

●ジンバブエの経済難民

ジンバブエ共和国のスラムに暮らしていた一家は、肉体労働で生活費を稼いで細々と暮らしていた。

早朝に、町のある場所へ行けば、肉体労働を希望する男たちが何十人と集まっている。そこに建設会社のトラックがやってきて、体格のいい人から順に乗せて建設現場へ連れて行き、一日の終わりに日当を払う。仕事にありつける日もあれば、ありつけない日もあったが、収入がない日は同じスラムに暮らす仲間たちが助けてくれた。

ある年、ジンバブエ全土にインフレが起きたことによって、国内の経済が破綻してしまった。真っ先にその煽《あお》りを食らったのが、スラムで底辺の暮らしをしている人々だった。スラム全体が立ち直れないほどの打撃を被ったことで、相互扶助のシステムが機能しなくなったのである。

そのため、スラムで暮らす人は次々に栄養失調で倒れていった。一家はこのままだと全員が餓死してしまうと考えた。しかしこの国にいても仕事はない。そこで隣国の南アフリカ共和国へ移ることにした。南アフリカであれば言葉は通じるし、仕事はあるはずだ、と考えたのだ。

一家が頼ったのは、前年に同国へ移住した親戚だった。まず親戚が暮らすスラムのバラックに転がり込み、肉体労働の仕事を紹介してもらってから、同じスラムに改めてバラックを建てて住むことにした。

父親は次のように話していた。

「ジンバブエに帰るつもりはない。もし経済が良くなったとしても、南アフリカよりマシになることはないだろう。それにその頃には私はもう年寄りだ。だからずっと南アフリカで暮らすつもりだ」


この例のように、コミュニティーが相互扶助システムを失った時、生活に困っている人たちは生きていくために国外へ移り住むという選択をする。

ジンバブエの場合、約一五〇九万人の人口に対して、南アフリカへ移り住んだ人の数は一〇〇万〜三〇〇万人に上るといわれている。一度でも南アフリカで働いた経験のある人となれば、成人人口の四分の一に当たる。このことを知るだけで、どれだけの人が経済難民として国を離れて出稼ぎをしているかがわかるだろう。

他の途上国でも似たようなケースは多い。ＵＮＤＰによれば、海外で働く出稼ぎ労働者の数は一億七五〇〇万人に上ると推定されている。これほどまでに移住者や出稼ぎ労働者が多くなる背景には、二つの要因がある。

一つは、あまりにも大きくなった**グローバルな格差**だ。国境一つ隔てて、豊かな国と貧しい国がはっきりと分かれている。一般的に知られているのが、大国アメリカに対するメキシコ、ベネズエラ、エルサルバドルといった中南米の国々の存在だろう。後者の国の人々が仕事を求めてアメリカへ不法越境していることは、日本でも散々報じられてきた。

同じことは新興国においても当てはまる。南アジアの大国インドには、隣国の小国ネパールやスリランカの人々が大勢流れ込んできているし、東アフリカの大国のケニアには、ソマリア、南スーダン、ウガンダの人々が大勢流れ込んできている。

先進国と途上国という構図でなくても、それぞれの地域ごとに大国と小国がある。小国で生活に行き詰まった人々は、仕事を求めて大国にやってきて、3K労働に従事する。つまり、大国が小国の労働者を吸い上げる構造ができているのだ。

二つ目の要因となっているのが、**言語とコミュニティー**である。陸続きの隣国は、言語が似ているので簡単な内容であれば話が通じることがある。ネパール人ならインドのヒンディー語をおおよそ理解できるし、ウガンダ人ならケニアの公用語のスワヒリ語をしゃべれる。宗教や文化も近い。

日本人が海外へ移住しようとすれば、海を越えて言語も文化もまったく違うところに飛び込むという感覚になるはずだ。だが、右記のような国の人たちは、北海道から大阪に移り住むぐらいの言語や文化のギャップしかなかったりする。そうしたことが、経済難民を増やす要因の一つになっているのだ。

大国にある程度の数の経済難民が集まるようになると、すでに見たような外国人のコミュニティーができはじめる。それぞれの地区に同じ国や地域の出身者が集まって暮らす。

すると今度は、経済難民をそうしたコミュニティーに連れてくることをビジネスにしようとする人たちが現れる。手配師のような人間が手数料を取り、不法越境から居住先の確保、そして仕事の紹介までの面倒を見る。

たとえば中米のグアテマラやホンジュラスといった貧しい国には、アメリカへの不法越境のサポートをする「コヨーテ」と呼ばれる手配師グループがある。彼らに金を払えば不法越境から定住先までを紹介してもらえる。単身での移住目的で行く者もいれば、家族を連れて行く者もいる。人々は、こうしたグループの力を借りることによって、本来は難しいはずの不法越境を容易なものにするのである。

日本　連鎖する貧困

途上国と違って、日本では生活に困ったからといって海外へ出稼ぎに行く人はほとんどいないだろう。

アメリカやカナダなど日本より物価の高い国はあるが、そこへ働きに行けるくらいなら、そもそも日本で失業していないはずだ。それゆえ、日本人には貧困を脱するために海外へ行こうという発想はあまりない。

では、日本の生活困窮者が仕事を失った時、何を頼みの綱とするのか。彼らのよりどころは、公的な福祉制度だ。代表的なものが、これまでいく度も言及してきた生活保護だ。

生活保護の支給額は、地域や個人によって差があるが、単身者で一カ月当たり一〇万円台前半といったところが一般的だ。五万円ぐらいの家賃の住居に暮らし、五万円ぐらいの生活費が支給されるのである。

子供がいる場合は人数や年齢によってまちまちだが、一例として幼い二児がいるシングルマザーの家庭では、年間に約二六八万円（月二二万三〇〇〇円）を受給できる。さらに国民年金や社会保険の支払いが免除されることを踏まえれば、そこそこの生活はできるといえるかもしれない。

さらに、親に障害がある場合は、障害基礎年金が給付される。障害の度合によって支給額は異なるが、一級の障害者は年に九七万二二五〇円（月額八万一〇二一円）が支給され、子供がいればその数に応じて加算されていく仕組みだ。

こうしてみると、日本ではいくつもの福祉制度が網のようになって、社会からこぼれ落ちそうな人々を助けているのがわかるはずだ。だが、こうした社会システムは諸《もろ》刃《は》の剣でもあり、恵まれた条件が整っているがゆえに、人々が勤労の意欲を失うことがある。

たとえば二児の子供がいる生活保護のシングルマザーの月の収入は二二万三〇〇〇円だ。これに加えて、医療費や所得税などが免除されることを考えれば、大体月収三〇万円くらいの生活レベルになるだろう。

もしこの女性が途中で生活保護をやめて、アルバイトで生活していこうとしたとしよう。その場合、アルバイトの時給が最低賃金であれば、手取りは一四万円以下と生活保護を受けていた時の半分の生活になってしまう。これでは何が何でも生活保護にしがみつこうという人が出てきても仕方のないことだ。

大阪府の職員は、こうした現状について次のように語る。

「誰だって仕事をして自立したいと考えるのは当然でしょう。しかし、生活保護をもらっている方が生活レベルが高くなるのならば、子育てをしている人はなし崩し的にそっちを選択してしまうことはやむをえないんじゃないですかね。そして一度生活保護を受給してしまうと、なかなかいい条件の仕事が見つからないから、ずっとそれに依存するようになる。やめたくてもやめられない、という人もたくさんいるんです」

シングルマザーが二人の子供を抱えながら、月に三〇万円を稼ぎ出すことは簡単なことではない。給料の高い夜の仕事もあるが、子供たちには寂しい思いをさせることになる。それなら、子供が大きくなるまでは生活保護に依存しようという気持ちになるのは自然だ。

ただ、こうした親の生き方が、子供に負の影響を及ぼすことがある。親が働かずに生きているのを見ることで、何かあれば生活保護を受給すればいいという思考に染まることがあるのだ。

一例として女性の例を挙げたい。

●香梨奈が生活保護を受けるまで

香梨奈の母親は二度の離婚の後に精神を病み、それまでしていた水商売を辞めて生活保護を受けるようになった。そんな母親のもとで香梨奈は一人娘として育った。

母親は生活保護のお金で飲み歩いては、男性を家に連れ込むことが度々あった。香梨奈はそれが嫌で友達の家を泊まり歩くことが増え、中学を卒業してからはフリーターをやりながら彼氏の家で暮らしていた。

十八歳の時、香梨奈は六つ年上の男性と結婚した。夫は運送業者として働いており、香梨奈はパチンコ店のアルバイトをしていたので生活はできていた。一年後、彼女は出産と同時にアルバイトを辞めた。

それから少しして、予期せぬことが起きた。夫が覚醒剤に手を出し、香梨奈に暴力を振るうようになったのだ。最初は子供のためにと我慢していたが、しばらくして夫は警察に逮捕された。

香梨奈はやむなく離婚。シングルマザーとして子供を育てていこうと決心したが、中卒だったためになかなか仕事が見つからない。そこで、思いついたのが生活保護だった。母親は生活保護を受けながら、自分を育ててくれた。自分も申請すれば同じようにまとまったお金をもらえるのではないだろうか。

彼女はインターネットで調べてNPOに相談しに行き、一緒に申請の手続きをしたところ、子供がいたこともあってあっさりと受理された。その後、彼女は自立を目指して求職したこともあったが、望むような条件のところは見つからなかった。

今では働くことを諦め、子供が大きくなるまでは生活保護で生きることにしている。


香梨奈のように、生活保護家庭で育った人が、大人になってから同じように生活保護を受けるケースは少なくない。統計にもそれは表れており、生活保護を受けたこと

図表7　保護者（母親）の属性と貧困率

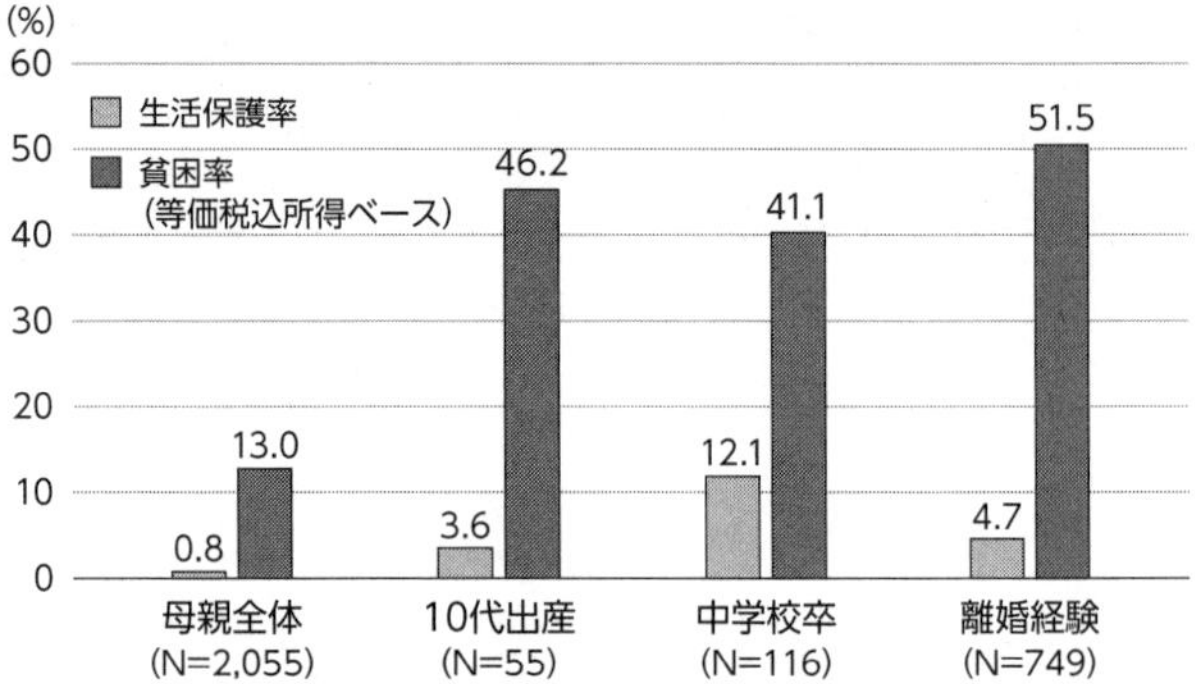

注：カッコのなかの標本サイズは、生活保護率についてのものである。

出所：労働政策研究・研修機構「子どものいる世帯の生活状況および保護者の就業に関する調査（2012年）」

のある人で「親も生活保護を受けていた」と答えた人は二五％にも及んだ。母子世帯に限っていえば、四一％だ。これが低い数値ではないことは誰の目にも明らかだろう。

ちなみに図表7の母親を対象にした調査を見れば、若い人が何が原因で貧困に陥っているかわかる。香梨奈のケースにも合致するが、「十代での出産」「中卒」「離婚経験」はかなり大きなリスク要因だ。親の生活保護受給経験の他にも、こうした母親の経歴が子供に影響を与え、二代にわたって生活保護に依存する状況をつくりだしているのである。

途上国　最後のセーフティーネット

スラムの貧しい生活に行き詰まり、経済難民として海外へ出ていった人たち。彼らはたどり着いた先で望み通りの生活をできるものなのだろうか。

経済難民たちの中でも、思い描いていたような成功をつかめるのはごく一握りだ。大半の者たちは海外の文化になじめなかったり、激しい差別を受けたりといった厳しい現実にぶつかる。中には病気や怪我といった不運が重なり、生活できなくなる者もいる。

そんな人々が最終手段として行うのが物乞いだ。路上にすわり込み、通りがかる人に金を乞うのである。

実際に、途上国の路上には自国の物乞いの他に、隣国出身の物乞いが少なからずいる。レバノンの路上にはイエメン人やパレスチナ人の物乞いの姿があるし、タイの路上にはカンボジア人やミャンマー人の物乞いの姿がある。

日本人には物乞いに喜捨《きしゃ》をする習慣があまりない。だが、海外ではそれなりの人たちが進んで金を渡す。かつてパキスタンにいた時、アフガニスタン難民に喜捨をしていた人がこんなことを言っていた。

「貧しい人を助けることは、アッラーの教えでもあります。イスラーム教徒としてやるべきことなのです。したがって、かわいそうだと思えば、なるべくお金を渡すようにしています」

宗教の教えというところが重要なのである。

実は、イスラーム教だけでなく、キリスト教にも、仏教にも、富める人は貧しい人に施しを含めて手を差し伸べるべきだという考え方がある。キリストも仏陀も、施しを信仰に基づいた慈悲深い行為としているのだ。

昔はこのような教義に従って行われる人々の施しが、貧しい人たちの福祉になっている側面があった。**喜捨と物乞いは、宗教に基づいたセーフティーネット**だったのである。現在の途上国で見られるのは、そうした習慣が残っているためだといえるだろう。

少々話がズレるが、人々の宗教心や善意ではなく、政治的な目的で行われる支援は、時として貧困層のバランスを壊すことがある。

いい例がネパールにおけるチベット難民だ。

一九六〇年代、中国政府がチベットに対して武力弾圧を行った際、大勢のチベット人がヒマラヤを越えて難民として隣国ネパールへとやってきた。

こうしたチベット難民たちを支援したのが欧米諸国だった。彼らは政治的な判断から、チベット難民の養護に乗り出したのだ。

これによって、ネパールのチベット難民は住まいを手に入れ、子供たちを学校へ無償で行かせることができるようになった。だが、ネパールの貧困層にまではそうした支援は届かなかった。そのため、ネパールでは外国人であるチベット難民より、自国のネパール人の方が貧しいという事態が起きてしまったのだ。

地元のネパール人たちにしてみれば、こうした事態が面白いわけがない。ある貧しい男性は次のように語っていた。

「ここはネパールだ。それなのになぜ外国人であるチベット難民だけが優遇され、俺たちネパール人には何の支援も行われないんだ。そのせいで、この国ではチベット難民がどんどん金持ちになっていく一方で、ネパール人はいつまで経っても貧乏なままだ。そんなの不公平だ」

日本に置き換えてみれば、わかりやすい。日本に出稼ぎに来た東南アジアの人々が外国から支援を受けて裕福になり、日本人の生活困窮者は無視されて児童労働が当たり前の状況になったらどうか。きっと日本人の大半は不平等だと憤《いきどお》るはずだ。それと同じことが、ネパールでは起きているのである。

国が行う支援には政治的要素が絡む分、どうしてもその国にアンバランスをもたらすことになる。それが不要な嫉妬、怒り、争いを引き起こすことも珍しくない。

もし他国のセーフティーネットについて考えるのであれば、それを成り立たせている要素にも目を向けるべきだろう。そうしなければ、自分たちが良かれと思ってやったことが、裏目に出かねないのだ。

第五章

結婚

子供によって救われるか、破滅するか

途上国 スラムの早婚

人は何歳ぐらいで結婚をして家庭を持つのだろう。

世界全体で見れば、先進国より途上国の方が初婚の平均年齢は若い。日本では男性三十一・一歳、女性二十九・七歳に対して、インドネシアでは男性二十五・七歳、女性二十二・三歳。ペルーでは、男性二十四・五歳、女性二十二・五歳となっている。

これは国内の富裕層と貧困層においても同じことが当てはまる。ウガンダでは一般的な家庭の人々の十代の婚姻率は五％にすぎないが、スラムでは七倍の三四％にまで膨れ上がる。バングラデシュのスラムに至っては十八歳以下の婚姻率は約八割、しかも十五歳以下が約四割に達するというから驚きだ。

一般的に、貧しければ貧しいほど早婚の傾向があるといえる。理由としては、貧しい人ほど教育を受けていないとか、他に娯楽がないとか、寿命が短いなどといった様々なことが挙げられる。ただ、国、地域、民族によってもかなり傾向が異なるので、今回はスラムのコミュニティー内での婚姻に話を絞って考えてみたい。

スラムで暮らす人々はコミュニティーに身を置いて生きている。そんな彼らはなぜ若くして結婚をするのか。次の二つの理由が挙げられる。

・家族内の相互扶助システムを強化するため。
・コミュニティー全体の結束を高めるため。

スラムには大家族としてのコミュニティーがあるとはいえ、もっとも信頼できるのは血のつながった家族だ。誰かが困った時は、まず家族が手を差し伸べ、それでもダメなら親戚、次に隣人たちが助ける。

家族がセーフティーネットとして機能するには、ある程度の数が必要だ。親二人に子供が一人か二人しかいなければ、諸事情でいざという時に頼りにならないことがある。

だからこそ、親としては家族の人数をできるだけ増やそうとする。子供の数が多ければ、その中の誰かしらが助けてくれるだろうという発想だ。彼らにとっては**「子供の多さ＝生活の安定」**なのだ。それが早いうちに結婚してたくさん子供を作ろうとする理由だ。

この延長で、**親が自分の子供を傍に置いておくために早いうちに結婚を勧めたり、見合いを決めたりする**ことがある。

スラムで暮らす子供たちは、同じコミュニティーの子供たちとともにほぼ毎日を過ごす。コミュニティーの五家族に子供が二〇人いれば、彼らはきょうだいや幼馴染《おさななじみ》のような感覚で一緒に遊び、ケンカし、競い合って成長していく。

思春期になると、彼らはコミュニティーの仲間同士で恋愛をするようになる。学校へ行っていない子供たちは人間関係が狭いので、その傾向が余計に強い。そんな時、親は子供たちに結婚を勧めたり、他の親と話し合って見合いをさせたりする。

親がそれをするのは、成長した子供をいつまでも傍に置いておきたいという思いがあるからだ。彼らがスラムを出ていってしまえば、自分にとってのセーフティーネットが揺らぎかねない。ゆえに、コミュニティーの仲間同士で結婚させようとするのだ。

バングラデシュのスラムでは、親が十代の子供たちの結婚を決めることが多かった。その時、通訳をしてくれていた現地の人はこう語っていた。

「この国では親が子供を誰と結婚させるのか決める力を持っているんです。スラムの人たちは、子供を友達の子と結婚させて、ずっと手の届くところに置いておきたいと考えています。どちらかといえば、息子より娘に対してそう願うことが多いでしょうね。それで娘が十代のうちに結婚を決めてしまうのです」

娘の方が息子よりも親を支えようとすることが多いそうだ。だからこそ娘の結婚に深く関与しようとするのである。

日本　貧困から抜け出す手段か、生活レベルの低下か

途上国では、結婚は将来の生活を安定させるための手段となっている一方で、日本の若者は結婚に対して逆のイメージを抱きがちだ。

日本人は、憲法や制度によって最低限度の生活を保障されている。そのため、途上国のように結婚をセーフティーネットと捉える意識がなく、逆に「結婚をしたら生活レベルが落ちてしまう」と否定的に考えるのだ。

アルバイトで生計を立てている三十代の男性は、次のように語っていた。

「今の年収は二〇〇万円ちょっと。一人で生きていくぶんには何とかやっていけるけど、結婚となると全然足りません。お嫁さんとの共働きの生活ならまだしも、子供ができちゃったら二〇〇万円では育てることができないでしょ。つうか、お嫁さんを養うこともできない。だから結婚もそうだけど、恋愛とかもあまり考えてないです」

結婚以前に異性と付き合って遊ぼうとすれば、食事代、デート代、衣装代など出費が重なる。それが自分の生活を脅かしかねないと考えるのだ。

こうした意識は、統計にも表れている。図表8（134ページ）のように年収によって既婚率に違いが生じるのである。

図表8　男性の年収別有配偶率

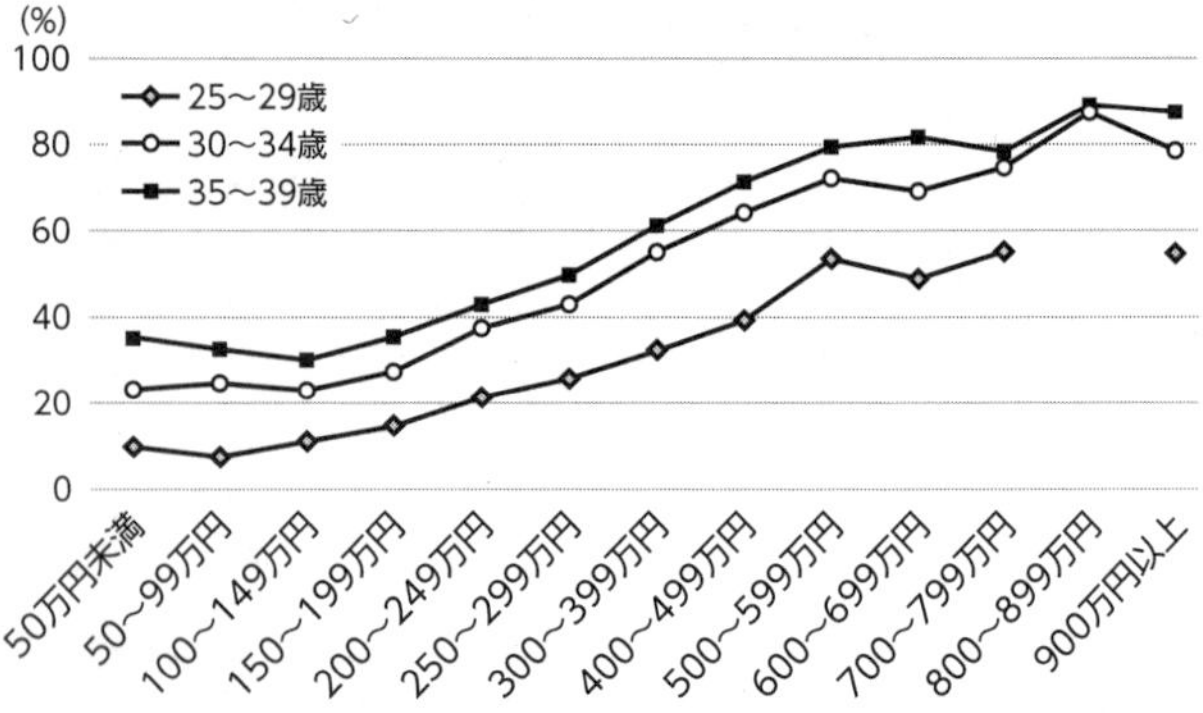

出所：労働政策研究・研修機構「若年者の就業状況・キャリア・職業能力開発の現状②—平成24年版『就業構造基本調査』より—」

ここからも、低所得の人たちが結婚をリスクと捉えていることがわかるだろう。

では、日本の低所得者にとって結婚は否定的なものでしかないのか。場合によっては、大きなメリットをもたらすこともある。

途上国ではスラムの住人が、富裕層と出会って結婚をすることは皆無に等しい。そもそも階層によって住む世界がまったく異なるので、富裕層と貧困層が出会う機会がない。それに双方の持つ教養が小学校中退者と海外の大学への留学経験者くらい違うので、一つのことを同じレベルで理解したり、話したりすることが難しい。富裕層の貧困層に対する差別感情も露骨だ。

それと比べると、日本には富裕層と貧困層の間にそこまで大きな距離はないだろう。

出会いという点では、富裕層も貧困層も小中学校までは同じ公立校に通っている。高校や大学で別れても連絡を取り合っていたり、同窓会で再会したりすることはよくある。

社会に出てからも同じだ。大手企業とて有名大学を卒業した社員しかいないわけではなく、中卒や高卒の派遣社員がたくさん働いている。会社によっては、数人だけが正社員で、他の一〇〇人以上は非正規雇用といったこともある。つまり、同じ職場に年収一〇〇〇万円以上の正社員と、二〇〇万円台の非正規雇用の従業員が席を並べているのが普通なのだ。

それに近年の男女の出会いは、リアルの関係からマッチングアプリへと移行している。二〇二二年の結婚のきっかけとなった出会いのナンバーワンはマッチングアプリだ。他にも、SNSやゲームを通した出会いもある。これは、空間を超えて多様な階層の人たちが出会うきっかけが増えていることを示している。

また彼らの教養もさほど違いはない。日本では、低学歴といっても高校や専門学校くらいまでは卒業しているからだ。

こう書くと、エリート意識の高い人たちは「高卒の奴らと一緒にするな」と怒るかもしれない。しかし、そのエリートたちが、高卒の女性が働くキャバクラやクラブにのめり込み、逆に金をたかられている状況を考えれば、学力はともかく、思考や会話のレベルはさほど変わらないはずだ。

総じてみれば、日本では富裕層と貧困層の距離が近く、出会いの機会は少なくないといえる。それが何をもたらすのか。端的にいえば、**結婚による階層の逆転**だ。貧困層の人が富裕層の人と結婚することによって、経済的な富を手にすることができるのである。

私の知り合いにも何人かそれを実現した女性がいる。そのうちの一人は、高校卒業後にアルバイトを転々として、余裕のない生活をしていた。収入は手取りで一三、四万円程度。アパート代と食費を払えば、あとは遊ぶこともままならないような生活だった。

だが、二十代の半ばにアルバイト先で一流金融機関の男性と知り合い、半年後に妊娠が発覚して結婚。これで生活が一変した。彼女はお金に困らない暮らしをし、免許も取って高級車に乗り、三十歳を過ぎた今は二児の母として、都内のタワーマンションに暮らしている。

何を目的として結婚をするかは、人それぞれだ。ただ、混在型都市の日本では、途上国と比較すれば、こうした格差婚と呼ばれる結婚が多く行われているということは断言できるだろう。

途上国　路上生活者にとっての家族

次に途上国の路上生活者たちの結婚について考えてみたい。

路上生活者の多くが地方から移り住んできていることは、第二章で説明した通りだ。彼らにとって路上生活は仕方のないことであり、日本のホームレスのように恥の意識を持って卑屈になったりはしない。だからこそ、家族を連れて堂々と路上で暮らしている。

こうした家族の中で育つ子供たちも、やがては大きくなって結婚適齢期を迎えることになる。彼らの多くは十代の前半から半ばまでの若い年齢で、同じ路上生活者と結ばれる。

スラムの住民と違うのは、彼らが役所に婚姻届を出すことが少ないことだ。路上生活をしている人たちは町から町へと流浪していたり、不法滞在の経済難民だったりするためだ。

彼らが届け出をするのは、妊娠してから、あるいは出産を終えてからだ。公立の病院でお産をしようとすると、病院側から届け出をするようにと指示される。未届けの人があまりに多いため、国によっては出産の際に半強制的に届け出をさせる。逆にいえば、国が把握している貧困者の結婚についてのデータは、実際に結婚をした年齢というより、出産をする年齢だったりするのである。

路上で暮らす人々は、どのような理由で結婚をするのか。

結婚をする当事者の目線でいえば、スラムの若者のそれと大差はない。ただ、家族が子供にお見合いを勧める場合は、少々異なる。

かつてバングラデシュのダッカで、路上生活者たちに結婚の経緯の聞き取りをしたことがある。ここでは伝統的に親の決めたお見合いが多く、ほぼ一様に早婚だった。路上生活をする親同士が話し合い、誰と誰をくっつけるかを決めるのである。

娘を持つ親が語っていたのが次のようなことだ。

「路上にはいろんな危険があるだろ。女子の場合はなおさらだ。でも、親の私たちも子供がたくさんいるし、仕事が忙しいので、ずっと見守っていることはできない。それなら、ある程度の年齢になったらお見合いで頼りになる男性と結婚させて、その男性に守ってもらった方が良い」

路上生活をしていれば、変質者に襲われるとか、人身売買のブローカーに捕まるとか、酔っ払いにからまれるといったことが起こりやすい。

親としては、そんな環境で娘をいつまでも一人にさせておきたくない。だから、早い段階で信頼できる男性を見つけてきて、結婚させようとするのだ。つまり、**結婚が子供の身の安全を守るための手段になっている**のである。

これは治安の悪い国で行われる児童婚についても同じことがいえる。犯罪が横行しているような社会では、年頃の子供が一人でフラフラと歩いていれば、どんな犯罪に巻き込まれるかわからない。子供の方も教養がないのでだまされやすかったりする。それゆえ、早いうちに結婚をさせることによって、リスクをできるだけ減らそうとするのだ。

先進国の人たちの中には、児童婚を一概に悪と捉えて批判する人がいる。しかし、親や国家が若者を守れない状況にあっては、早婚は逆に子供の安全を保障するものとなっている。社会の状況によって結婚の持つ意味もだいぶ違ってくるのである。

日本　家族のいないホームレス

国内でホームレス同士が結婚したという事例は、私の知っている限り皆無だ。ホームレス生活から脱した後に結婚することはあるが、ホームレスをしている最中に同じホームレスの異性と結婚するといったことは聞いたことすらない。

理由の一つは、ホームレスにおける男女比だろう。途上国では路上生活者に占める

図表9　ホームレスの性別

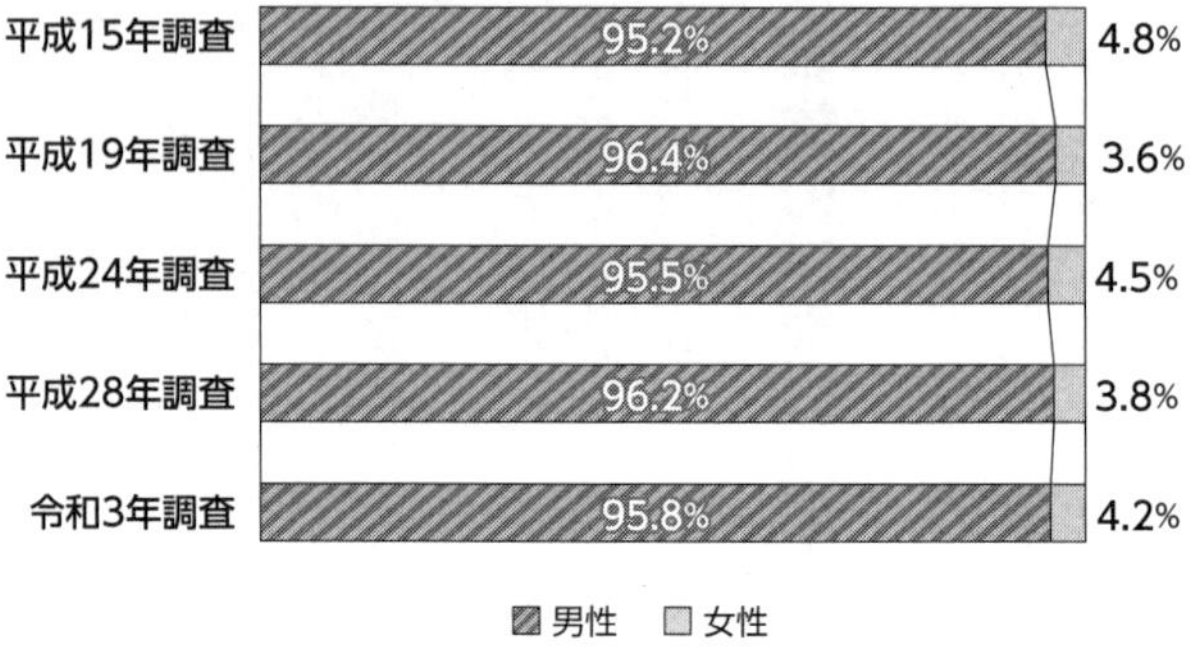

出所：厚生労働省「ホームレスの実態に関する全国調査（令和4年）」

男女比はほとんど変わらないが、日本のホームレスには圧倒的な差がある。公式な統計を見れば図表9のようになる。つまり、男性二三人に対して女性は一人しかいないのだ。

どうして日本には女性ホームレスが少ないのか。それは女性の方が生活保護などの福祉制度に引っかかったり、お金がなくても男性に手を差し伸べてもらえたりすることがあるためだ。

具体的に考えてみよう。もし二十代の健康な独身男性が失業しても、新たに仕事を探しなさいと言われて生活保護の申請を却下されるだろう。しかし、同じ二十代の女性が小さな子供がいる状態で困窮していれば、「子供の生活と人権を守る」という名目によって生活保護の申請

図表10　ホームレスの年齢分布

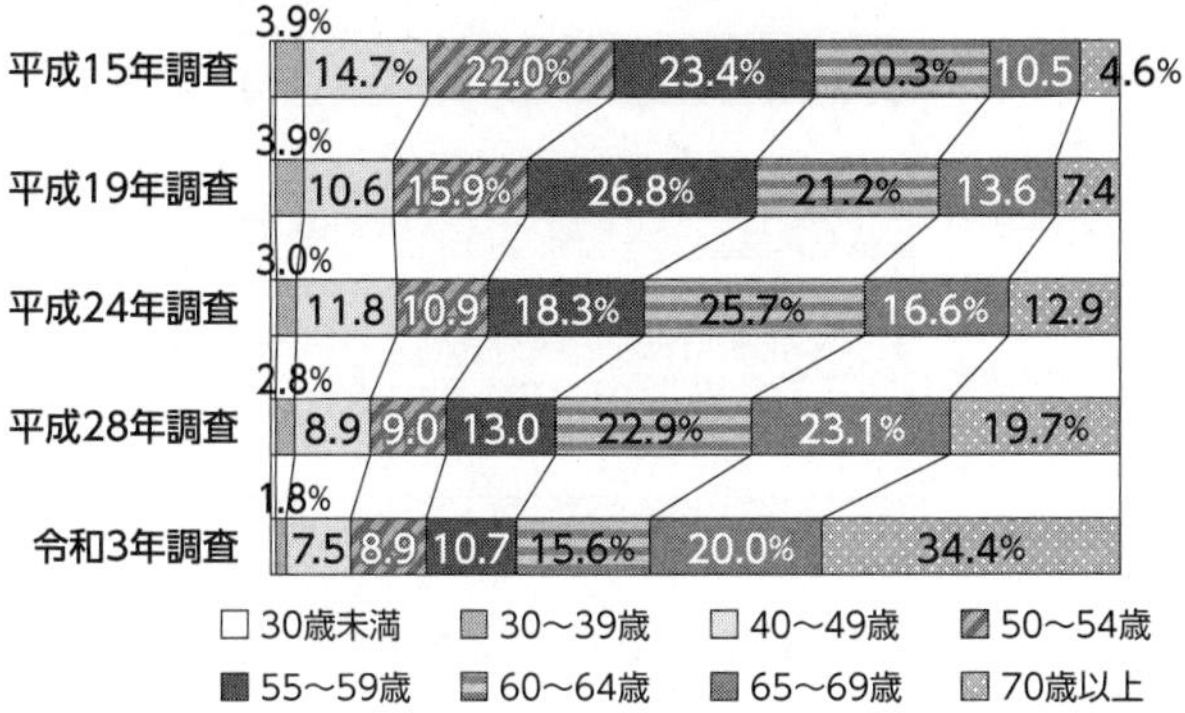

出所：厚生労働省「ホームレスの実態に関する全国調査（令和4年）」

が簡単に通る。子供がいることで、福祉の恩恵を受けやすくなるのだ。

女性が一度福祉につながれば、その先も継続して支援を受けられる。担当のケースワーカーが日常の様々なことで相談に乗ってくれるし、奨学金や諸手当などの情報も入手しやすい。シェルター、母子生活支援施設、シェアハウスなど女性の住居を保護する事業も多い。そのため、子供が独立した後も、彼女たちは福祉に頼っていける。

また、歓迎すべきことではないが、女性には性を提供することによって住居を手に入れるという道もある。二十代の男性なら、失業して貯金がなくなれば、路上で寝起きするしかなくなるだろう。だが女性なら、ＳＮＳやマッチングアプリ

図表11　ホームレスの結婚歴

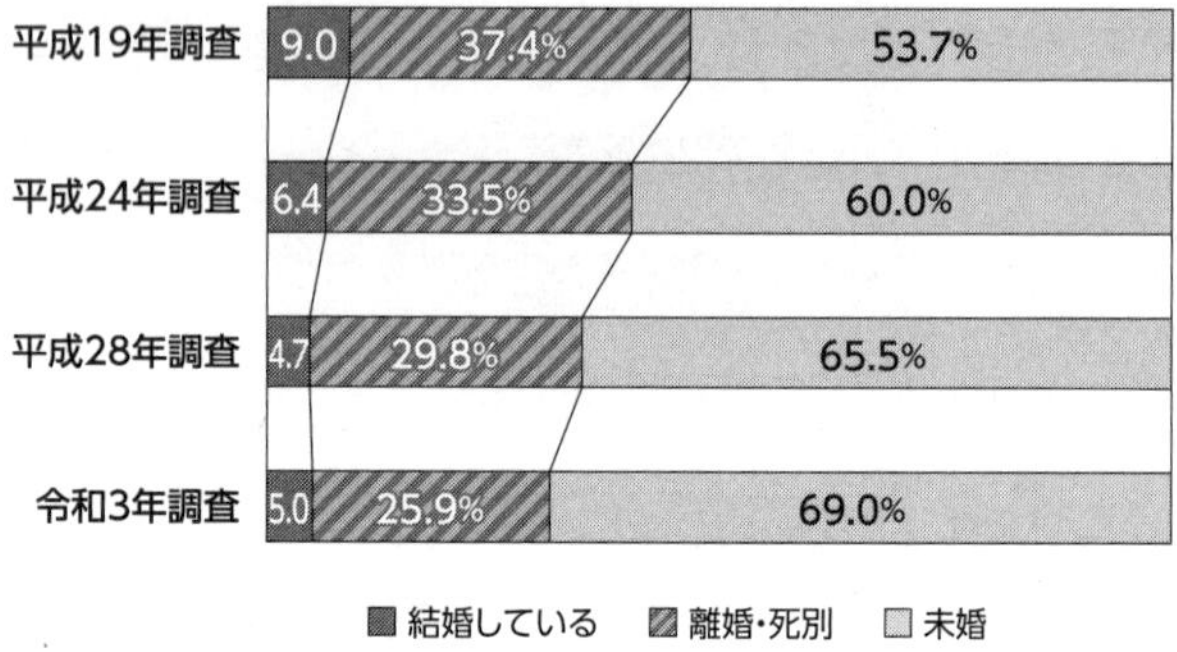

出所：厚生労働省「ホームレスの実態に関する全国調査（令和4年）」

で知り合った男のもとに身をゆだねることができる。そこにいろんな種類のリスクがあるものの、ホームレスになるリスクは軽減される。こうしたことが、二三対一という比率を生んでいるのである。

もう一つ、ホームレス同士の結婚が少ない理由を挙げれば、年齢的なこともある。図表10（141ページ）は年代別に割合を示したものであるが、五十代以上が全体の約九〇％を占めている。若いうちは何かしらの仕事にありつけるが、年を取るとそうではなくなるためだ。

路上で寝起きしているのが高齢のホームレスばかりになれば、たとえ男女が出会って恋仲になったところで、結婚という結論には至らないだろう。籍を入れるメリットが見当たらない。

男女比の偏り、ホームレスの高齢化。この二つの要因を見ただけで、日本でホームレス同士の結婚がない理由がわかるはずだ。

では、彼らは路上生活をはじめる前は結婚をして家庭を持っていたのだろうか。必ずしもそうとは言い切れない。

図表11を見ていただきたい。現在、日本人の生涯未婚率は、男性が二八・二五％で、女性が一七・八五％である。それを考えると、ホームレスの未婚率が約七〇％というのはかなり高い。

このような数字の背景には、ホームレスたちがもともと低収入の仕事をしていたことに加えて、知的・精神的な問題を抱えていたりすることもある。異性と適切なコミュニケーションをとることができなければ、結婚の機会は否応《いやおう》なしに減ってしまう。

私が知っている例を一つ示したい。

●孝弘の遍歴

六十代の孝弘は、数年前からホームレスをしている。NPOのスタッフが聞いたところによれば、孝弘は若い頃から職を転々として、長くても二年ぐらいしかもたなかったそうだ。原因は人間関係でトラブルを起こしてしまうことにあった。

孝弘は些細なことでカッと頭に血が上ってしまう性格で、一日に一度は怒鳴り散らすことがある。そのため仕事場で必ず誰かと衝突し、職場にいづらくなってしまうのだ。

同じことは女性関係にも当てはまった。女性と付き合っても、意見の食い違いがあると、感情的になって手を上げてしまう。そのため、女性との交際が三カ月以上つづいたためしがなく、結婚もしたことがなかった。

孝弘がホームレスになったのもこの性格が災いしていた。若いうちは体力があるから、多少厄介な性格でも雇ってもらえるが、年を取れば煙たがられる。そうしているうちに貯金が底を突き、ホームレスに身を落としたのだ。

NPOスタッフは次のように語っていた。

「孝弘さんはおそらく精神的に何かしらの疾患を抱えているんだと思います。だから人間関係がうまくいかない。こういうホームレスは結構いて、路上で暮らすようになった後も人間関係を自分から壊してしまうんです」

安定した生活を手に入れるには、職場においても、プライベートにおいても、人間関係を安定させる必要がある。それができれば仕事を失わずに済むし、何かあった時に助けてもらえる。逆にいえば、それができないタイプの人は、ホームレスに陥りやすいのだ。

途上国　性的魅力の文化差

日本人の男性は女性の肉体のどこに性的な魅力を感じるかというアンケートがあった。結果は、一位が胸、二位が胴体、三位がお尻だったそうだ。

変なことを言っているように思われるかもしれないが、先進国と途上国とでは、男性が感じる女性の肉体的な魅力に違いが現れることを知っているだろうか。

十五年ほど前、ミャンマーの商業都市ヤンゴンで靴磨きをしている男性と知り合った。彼は外国人観光客がよく訪れる市場のカフェに出入りし、靴磨きをして稼いでいた。英語が堪能だったので、あれこれしゃべっていたところ、こんなことを尋ねられた。

「前に日本人から色っぽい女性がたくさん載っている雑誌をもらったんだ。そしたら、女性のおっぱいばかりを強調する写真がたくさんあった。なんで日本人はおっぱいにばかり興味を抱くんだ？」

たしかに週刊誌のグラビアなどでは女性のバストが強調されることはあるが、それまで特に疑問を感じたことはなかった。そのことを伝えると、彼はこう言った。

図表12　妊産婦死亡率

順位	国名	妊産婦死亡率（出生数10万人あたり）
1	南スーダン	1150
2	チャド	1140
3	シエラレオネ	1120
4	ナイジェリア	917
5	中央アフリカ共和国	829
5	ソマリア	829
⋮	⋮	⋮
165	日本	5

出所：UNICEF「世界子供白書2021」をもとに作成

「ミャンマーの男性は女性のお尻が好きなんだよ。ちゃんと安全に赤ちゃんを産むことのできる女性がモテるんだ。その代わり、おっぱいにはあんまり興味がないかな。おっぱいが大きくたって、出産には役に立たないからね」

私はそれを聞いて、貧しい人たちが置かれている現実を垣間見たような気がした。

途上国では、妊産婦が出産時に死亡する率は非常に高い。出産の直前まで病院にかかっていなかったり、伝統産婆の力を借りて自宅出産をしていたりするため、大量出血などのトラブルが起きた時に対応しきれないのだ。

途上国では、どれだけの女性が出産時に死亡しているのだろうか。図表12を見てもらえれば、日本との差が一目瞭然だろう。

留意してもらいたいのは、これはあくまで上流階級も中流階級も合わせた国全体の数値という点だ。スラムや路上に暮らす人だけに限れば、この数字は一層高まるのは間違いない。そう考えると、妊産婦が出産に際してどれだけ危険な状況に置かれているかが察せられる。

こうした国では、女性が無事に赤ちゃんを産める身体を持っているということが「魅力」となりうる。男性にとってその目安の一つがお尻の大きさなのだ。お尻が大きければ、骨盤もしっかりしていて安全に子供を産みやすいはずだと考えるのである。

ところで、なぜ彼らはそこまで子供にこだわるのか。それは先に少し見たように、子供の数が将来的な自分のセーフティーネットとなるからだ。

こうした男性たちの大きな願望が裏目に出ることもある。子供ができなかった場合、その責任が女性に押しつけられかねないのだ。

次は私の知っている例である。

●インドの不妊症カップル

ビハール州の農村に、ある夫婦が暮らしていた。農村では、多くの家族が一〇人近く子供を作っていた。畑仕事を手伝う労働力として、あるいは将来畑を引き継いで家族の世話をする者として、子供は多ければ多いほどいいとされていたのだ。

だが、その夫婦の間には何年経っても子供ができなかった。ある日、夫が問いつめたところ、妻は自分は不妊症かもしれないと答えた。病院で診てもらったところ、医師からその可能性を告げられたのだという。

夫はなぜそのことを隠していたのかと責め立て、親族に言いふらした。親族は妻をなじり、意地悪をし、ついには追い出してしまった。夫にとっても親族にとっても、子供の産めない女性は「用なし」だったのである。

その後、夫は別の女性と結婚し、子供をもうけた。

女性にとっては理不尽な話であるが、子供を産める産めないが人生を左右しかねない環境では、こうしたことが起こりうる。

もちろん、不妊は必ずしも女性にだけ責任があるわけではない。ＷＨＯ（世界保健機関）によれば、不妊の原因が女性にある場合は四一％、男性にある場合は二四％、男女ともにある場合は二四％（その他、原因不明が一一％）に上っている。夫の誤った判断で、女性が必要以上の不幸にさらされていることもあるのだ。

日本　子供がいては生きていけない社会

生活に窮している若い日本人は、結婚や出産を経済的デメリットと考え、消極的になりやすい。一体、親にとって子育ての負担とはどれほどのものになるのだろう。

教育費だけ見ても、その額は決して少なくない。文部科学省によれば、大学卒業までにかかる平均額はすべて国公立の場合で約一〇二二万円、すべて私立の場合で約二六五一万円になるとされている。具体的に見れば図表13（150ページ）のようになり、ほとんどの場合は一〇〇〇万円をはるかに上回る額になる。

相対的貧困層の人々はもちろん、彼らの倍以上の収入がある年収五〇〇万円くらいの家庭であっても、それだけの額を捻出することは簡単ではない。このことを示すのが、「子どもの成長段階と家計の貯蓄率」だ。

図表14（151ページ）を見てほしい。子供が小さいうちは貯蓄率はプラスだが、子供が高校へ進学したあたりからマイナスへと転じていく。そして、最終的には子供一人世帯でマイナス九％ぐらいにまで下がる。

注意してほしいのが、これは日本全国の平均値であることだ。図表14では貯蓄率は子供が二歳以下の場合で平均プラス一三〜一四％ぐらいになっているものの、低所得

図表13　大学卒業までにかかる教育費

		公立	私立
幼稚園		649,088円	1,584,777円
小学校		1,926,809円	9,592,145円
中学校		1,462,113円	4,217,172円
高校		1,372,072円	2,904,230円
大学	入学金	約67.2万円	・文系81.8万円 ・理系88.8万円
	在学費用	約414万円	・文系608万円 ・理系732.8万円
合計		約1,022万円	・大学で文系の場合 約2,520万円 ・大学で理系の場合 約2,651万円

出所：文部科学省「平成30年度 子供の学習費調査」、日本政策金融公庫「教育費負担の実態調査結果」をもとに作成

層の人たちは初めからこれがゼロに近く、さらに給料が上がる見込みが薄い。そうなると、子供ができた時点で貯蓄率がマイナス、つまり生活が成り立たなくなりかねない。

こうした状況が引き起こすのが、人工妊娠中絶だ。途上国と比べて中絶件数は多く、現在の日本では年間に約一四・五万件の中絶手術が行われており、経験し

図表14　子どもがいる世帯の平均貯蓄率

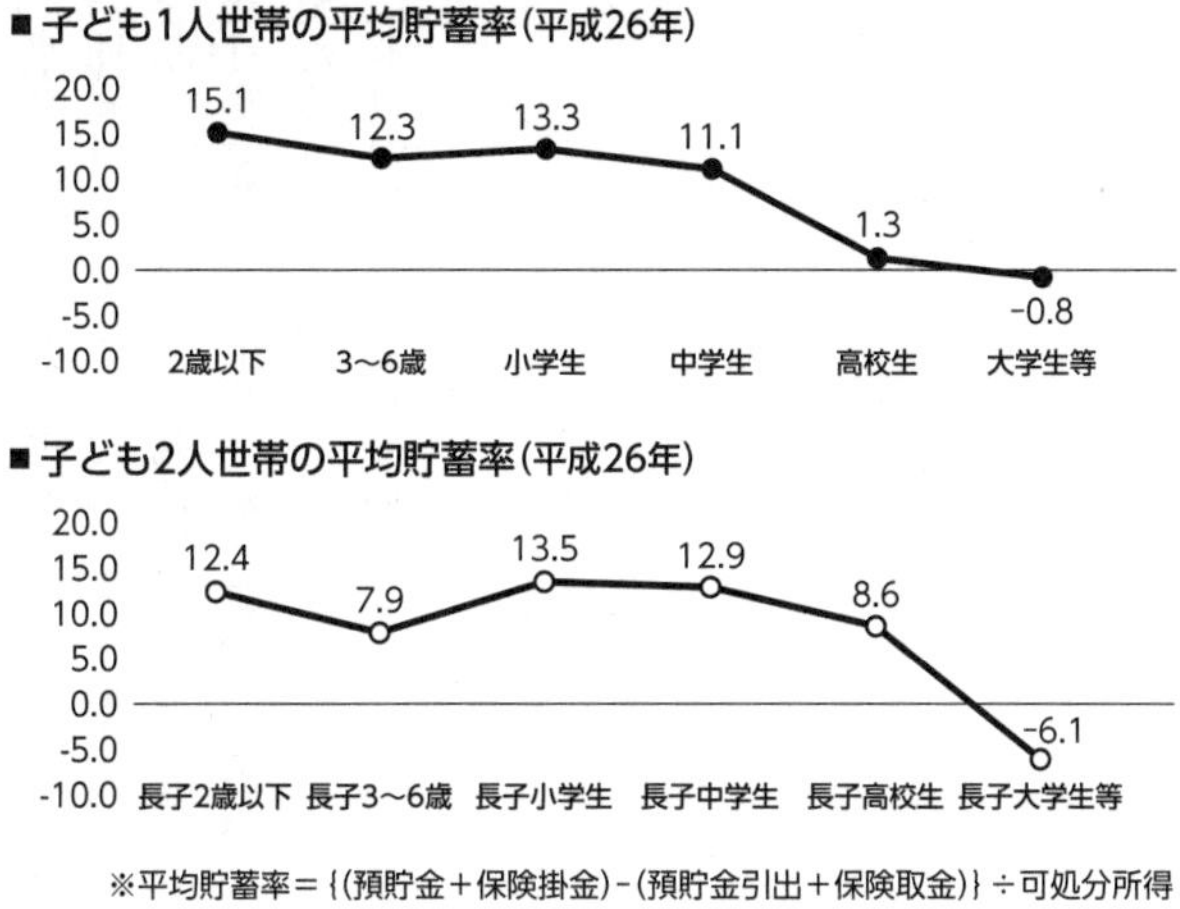

※平均貯蓄率＝{（預貯金＋保険掛金）-（預貯金引出＋保険取金）}÷可処分所得

出所：文部科学省「我が国の成長のための教育投資の充実〜教育費負担軽減について〜」

たことがあるのは全女性のうちの一四・七%だ。つまり七人に一人は何かしらの理由で中絶をしたことがあるのだ。

次は、中絶の理由の一位から三位である。

一位　相手と結婚していないので産めない（三〇・二%）
二位　経済的な余裕がない（二九・五%）
三位　相手との将来を描けない（九・四%）

日本で行われる中絶のうち、五回に一回は経済的な理由ということになる。ただし、一位と三位の背景にも経済的な理由が潜んでいることもあると推測されるため、中絶に及ぼす経済問題はアンケート以上に大きいだろう。

ちなみに、私自身は中絶に何が何でも反対というわけではない。ただし、少子化の進んだ日本で多くの中絶手術が経済的理由で行われているのならば、何かしらの対策は必要だろう。国の努力が足りないことによって、生まれてくるはずの命が絶たれることは避けなければならない。

第六章

犯罪

生きるための必要悪か、
刑務所で人間らしく暮らすか

途上国 逮捕された人は「不運な人」

都市では、治安の善し悪しは経済状況に比例することが多い。

図表15は、IMF（国際通貨基金）が示したGDPにおける地下経済が占める割合である。上位一〇カ国の大半が貧しい国々であることがわかるだろう。

途上国の犯罪が日本と違うのは、どこからどこまでが犯罪なのかという線引きが曖昧だという点だ。途上国でも殺人や窃盗や強姦は立派な犯罪だが、中には必要悪として見逃されているものも少なくない。

たとえば、これまで見てきた児童労働や児童婚がそれだ。途上国ではこれらは「生きるためには仕方のないこと」とされて、ほとんど取り締まられることはない。映画や音楽のコピー製品の販売、スラムの住民たちの不法占拠や盗電、密造酒の醸造、児童買春、違法ドラッグ、不法投棄……これらも違法ではあるが、そこらで公然と行われている。

このような傾向が強まれば、社会全体が少しずつ腐敗していく。取り締まる側も、取り締まられる側も、法律を無視して私利私欲に走りがちになるからだ。それが引き起こすのは次のようなことだ。

図表15　地下経済の対GDP比率(2017年)

順位	国名	単位:%
1	ボリビア	55.80
2	ナイジェリア	53.80
3	ガボン	52.10
4	ジョージア(グルジア)	51.50
5	アゼルバイジャン	48.60
6	ハイチ	47.20
7	タンザニア	46.90
8	ジンバブエ	46.00
9	ペルー	45.90
10	ガンビア	44.00

出所:グローバルノート「世界の地下経済規模 国別ランキング・推移」

1. 警察の腐敗。
2. 庶民の常習的な違法行為。

庶民にとっては必要悪であっても、犯罪は歴とした違法行為である。警察の側からすれば、その気ならいつでも逮捕権を行使して罪を犯した者を捕まえることができる。

途上国では、警察がそうした権限を悪用し、庶民を脅して賄賂をせしめることがある。普段は見て見ぬふりをしているのに、懐《ふところ》が寂しくなると庶民の首根っこをつかみ、「逮捕されたくなければ金をよこせ」と迫るのだ。

たとえば、カンボジアでは、人々が違法なコピー製品を堂々と売っている。いつもなら見逃されているので、商人たちもほとんど罪の意識を抱かずに平然と商売をしている。だが、警察は金が欲しくなると、彼らのところへ行って、「違法行為だぞ。捕まりたくなければ賄賂を払え」と言って金を脅し取るのだ。

あるいは、多くの庶民はプラスチックや紙のゴミが出ると、それらを道端にポイと捨てる。これはゴミの不法投棄に当たるが、廃品回収業の人々がすぐに拾うので一々咎《とが》められることはない。だが、警察によっては、人が捨てたのを見ると声をかけ、「不法投棄で罰金だぞ。半額をよこせば見逃してやる」と言う。

かつてカンボジアのプノンペンで知り合った男性は、次のように話していた。

「この国では、警察の方がギャングよりずっと悪いんだ。あいつらは給料が少ないから、そのぶん稼ごうと思って、貧しい人間を見つけてはちょくちょく小銭をせびってくる。

売春宿の集まる通りへ行ってみればわかる。毎晩のように警察がバイクでやってきて、売春宿の主人をゆすって賄賂をせびっているよ。管理売春で捕まりたくなければ、金をよこせって言ってるんだ。麻薬を密売してるギャングに対してだって同じだ。売り上げの一部を支払うなら見逃してやると言う。

ギャングたちは警察に頭が上がらない。抵抗すれば、逮捕されて刑務所へぶち込まれるからな。そういう意味では、町で一番権力を持っているのは警察なんだよ」

図表16　公務員の収賄に遭遇した経験（年間被害率、%）

国	1995年	1999年	2003〜2004年
ドイツ	—	—	0.6
アメリカ	0.3	0.2	0.5
ベルギー	—	0.3	0.5
オーストラリア	—	0.3	—
アイルランド	—	—	0.3
スペイン	—	—	0.3
日本	—	0.0	0.2
オランダ	0.5	0.4	0.2
スウェーデン	0.2	0.1	0.1
イングランド及びウェールズ	0.3	0.1	0.0

主要都市	2003〜2004年
ロンドン（イングランド）	0.7
ベルリン（ドイツ）	0.5
ストックホルム（スウェーデン）	0.5
マドリード（スペイン）	0.4
ニューヨーク（アメリカ）	0.4
発展途上国の都市	**2003〜2004年**
マプト（モザンビーク）	30.5
プノンペン（カンボジア）	29.0
ヨハネスブルク（南アフリカ）	15.5
リマ（ペルー）	13.7
ブエノスアイレス（アルゼンチン）	5.8

出所：法務省「国際犯罪被害実態調査（2004/2005年）」

よく途上国で「警察はギャングより悪い」と言われる所以《ゆえん》である。

警察が庶民から賄賂という名で小銭をむしり取っている現実は、ほかの途上国にも見られる現象だ。

図表16は公務員が賄賂を受け取ってい

るところに遭遇した経験の有無を調べたものである。日本など先進国の多くは一％未満であるが、カンボジアのプノンペンは二九％と異常に高い数値になっており、他の途上国も同様に高い値を示しているのがわかるだろう。途上国では警察の腐敗が日常茶飯事になっているのだ。

次に2に目を移してみたい。

多数の犯罪がはびこる社会では、人々はさほど罪の意識もなく違法行為に手を染めるようになる。社会全体に「警察が一番悪い」「捕まった人は不運なだけ」という空気が広まっているので、法律を破ることに無感覚になりがちなのだ。そういう人たちは金のために犯罪をエスカレートさせる。

一つ例を紹介しよう。

●**人身売買**

最初、その男はインドの路上でリキシャの運転手をしていた。時折客から「良い売春宿を紹介してくれ」と頼まれるので、夜の街に足繁く通って店主に掛け合ってそれをビジネスにした。客を一人連れて行けば、紹介料として小遣い程度の額をもらえる仕組みを作ったのである。

評判が広まるにつれ、彼のところには買春目的の客が大勢集まってきた。彼に頼めば良心的な店を紹介してもらえると評判になったのだ。

男はさらに儲けようと、合わせて精力剤のコピー薬を売る商売もはじめた。売春宿に到着する前に、客にこれで楽しんだらどうだと売りつけるのだ。すると、客の中には「売春宿へ行く前にドラッグをやりたい」と言いだす者も現れた。男はそれにも応えて、精力剤だけでなく、マリファナや覚醒剤の密売にも手を広げた。リキシャの椅子の下にそれらの薬を隠し、客が望むものを売ったのである。

このように男は客の要求を聞き入れながら、どんどん悪行を重ねていった。やがては町の彷徨っている家出少女に声をかけ、売春宿の店主に紹介してマージンをもらう人身売買まではじめた。そして彼は夜の街で大きな力を持つ人間になっていった。


日本では売春や違法ドラッグの斡旋《あっせん》は、暴力団のようなアンダーグラウンドな人間がやることだと思われている。だが、軽犯罪が当たり前になった町では、普通の庶民が罪悪感なくそれらに手を染めることが珍しくない。それが町全体の治安をどんどん悪化させていくのだ。

日本 シロとクロに分かれた社会

治安の悪い途上国の都市と比べると、日本では小さな犯罪でも厳しく取り締まられている。

社会の中で軽犯罪が必要悪として許容されるには、人々の間に「生きていくためには仕方がない」という認識が広まっていなければならない。しかし日本には、すべての国民が制度によって最低限の生活を保障されているという建前がある。だからこそ、犯罪が容認される余地は少ない。

法律が尊ばれる国では、**合法/非合法のラインが細かく定められる。**あらゆることが、シロかクロかに分けられ、法を犯せば取り締まりの対象となるのである。

たとえば、ケニアでは貧しい人たちが勝手に道路にすわり込んで商売をしたり、電信柱から電線を引いて盗電をしたりしている。治安の悪い地区であれば、人々が堂々と道端でシンナーを吸っているし、ギャングが道端でドラッグを売りさばいている。

もし日本でそんなことをしたらどうなるか。通報がなされ、数分後には何台ものパトカーが集まり、警察がその人たちを逮捕するだろう。それだけ法律が厳しく守られているのだ。

読者の中には、日本にだって見逃されている犯罪はあるじゃないかと思う人もいるかもしれない。

たしかにそうだ。音楽の不正ダウンロード、いじめや体罰、麻雀や花札での賭け事、未成年の飲酒、風俗店などだ。

これらが日本で横行しているのは、警察が見逃しているというより、マンパワーが足りないことの方が大きい。警察の人数や予算は有限なので、細かな犯罪まで取り締まる余裕がない。だから犯罪によって優先順位が決められ、重い方から厳しく対応される。

とはいえ、そうしたことを差し引いても、日本の警察が非常に優秀であることは事実だ。検挙率においても、町の人たちへの丁寧な対応においても、他国の警察とは比べものにならない。

ここまで警察の取り締まりが厳しいということは、それだけ**犯罪が地下に潜在化しやすい**ということでもある。つまり、犯罪をする人たちは、警察に見つからないように、隠れて違法行為をするのだ。

途上国へ行ったことのある人であれば、ガイドブックやツアーコンダクターを通じて、「この地区は治安がとても悪いので絶対に近づいてはならない」という情報に触れたことがあるだろう。警察機能が働いていない治安の悪い地域では、ギャングやマフィアが人目を気にすることなく白昼堂々と犯罪を引き起こす。だから、危険な場所が生まれる。

一方、日本にはそうした犯罪地区は存在しない。新宿や渋谷の繁華街を歩いていても強盗に遭うことはないし、駐車場に車を停めても車上荒らしをされることはない。暴力団事務所の前を歩いたところで、拳銃を持った組員が覚醒剤をやっている姿を見かけることなどない。警察の取り締まりが厳格なので、暴力団ですらあからさまには違法行為をしないのだ。

では、彼らはどのように違法行為をするのか。隠れてするのである。それが犯罪の潜在化ということだ。彼らは途上国の犯罪者のように公然と悪いことをするのではなく、警察に見つからないところで行う。特殊詐欺は海外の拠点から電話やネットを使って行われているし、違法ドラッグの取り引きも通話記録が自動的に消えるようなアプリを使って行われている。

シロとクロがはっきりしている社会であればあるほど、犯罪が目に見えないものになっていくのだ。

途上国　劣悪な環境に絶望する受刑者

警察によって犯罪者が逮捕されれば、裁判にかけられて刑務所へ送られる。どの国でもこれは同じだ。

ただし、刑務所の環境は国によってかなり異なる。日本のように刑務所に相応の予算をつけることができれば、受刑者の人権を守りながら運営することができる。社会復帰のために、性犯罪や薬物依存など様々な更生プログラムを実施したり、就業に必要な資格やスキルを身につけさせたりすることも可能だ。

だが、世界全体で見れば、それができるのは先進国だけだ。財政難で刑務所に予算をかけられないどころか、裁判を進めることさえできず、刑務所や留置所に犯罪者があふれ返っている国も珍しくない。

途上国の刑務所ではジンバブエのそれが悪名高い。この国の刑務所では、受刑者に対して十分な食事を与えることもできておらず、受刑者の中には刑務所内で餓死する者もいる。

衛生環境も劣悪で、トイレが不足（故障）しているため、受刑者がそこかしこで用を足す。これによって、赤痢やコレラといった伝染病が猛威を振るい、大勢の人々が命を落としてきた。

南米でも刑務所の劣悪な環境は長年問題となっている。日本語新聞『ニッケイ新聞』によれば、ブラジルのある刑務所では定員四〇名のところに一七〇名の受刑者を無理やり収容したことから、暴動が起きたという。食事の配給が滞り、人が横になって寝るスペースもなければ、そうせずにいられなかっただろう。

同じブラジルの別の刑務所では、定員八七名のところに一七三名が収容されたことから、受刑者同士の争いに発展して火災が起きた。これによって、二五名が逃げ切れずに焼死したという。

ジンバブエやブラジルで起きたことは、他の途上国でも少なからず起きている。そもそも国の治安に予算をかけられない国が、刑務所に十分な金を回せるはずがないのだ。そうした国では、犯罪者たちにとって刑務所は「入ったら殺される場所」となる。

エチオピアで知り合った男性は次のように語っていた。

「俺の国の警察は腐敗していて、事件が起きてもろくに捜査せずに、そこらへんにいる怪しそうな人間を捕まえて留置場に放り込んでしまう。金持ちは賄賂で逃げられるけど、貧乏人はなす術《すべ》がない。

俺の知り合いもそうだった。スラムで殺人事件があったんだけど、いきなり犯人だと疑われてしょっぴかれた。そのまま、何年も裁判さえ開かれず、判決も出なかった。裁判所も処理しなければならない事件でいっぱいなんだ。

その間、この知り合いは看守から暴行を受けたり、他の犯罪者からいじめられたりしていた。それが苦痛だったんだろう。ある日、首を吊って自殺した。裁判も行われないまま事件は終わってしまったよ」

途上国では、ただでさえ裁判官や弁護士の数が足りない中で犯罪が多発しているので、逮捕から十数年経ってようやく刑が確定するということもある。先の『ニッケイ新聞』によれば、ブラジルでは全収容者約五〇万人のうち、四〇％が裁判すらはじまっていない状況に置かれているそうだ。

これでは、逮捕された人間が「もう自殺した方がマシ」と考えるのも無理はない。そして自殺と共に事件は闇に葬られてしまうのである。

日本　刑務所が犯罪を増加させる

世界的に見て治安の良い日本の刑務所事情は、どうなっているのか。細かく見れば、収容人数が定員過多になっているなどの問題はあるが、途上国と比較すれば、健全な運営がなされているといって間違いない。

図表17、18（166、167ページ）は、刑務所内での一日の生活スケジュールと献立である。正月などの行事には特別な献立が用意されているし、歌手の慰問コンサートが開かれたりもする。女子刑務所では、職業訓練としてネイルアートや美容の勉

図表17　受刑者の生活スケジュール

平　日	
起　床	6:45
清掃・整頓 洗面・点検	6:45～7:05
朝　食	7:05～7:35
出　室	7:35～8:00
作業開始	8:00 (7:45)
休　憩	9:50～10:00
昼　食	12:00～12:20 (11:20～11:40)
運　動	12:20～13:00 (11:40～12:20)
休　憩	14:30～14:40
作業終了	16:40 (16:25)
入　室	16:40～16:55
点　検	16:55～17:00
夕　食	17:00～17:30
居室清掃	17:30～17:40
仮就寝	18:00
就　寝	21:00

免業日	
起　床	7:20
清掃・整頓 洗面・点検	7:20～7:40
朝　食	7:40～8:00
昼　食	12:00～12:30 (11:20～12:00)
点　検	16:30～16:40
夕　食	16:40～17:10
居室清掃	17:10～17:20
仮就寝	18:00
就　寝	21:00

注1:カッコ内の時限は、居室内で作業を行う者の動作時限
　2:運動時間は、就業場所ごとに順次変更される

※「府中刑務所所内生活の手引き」被収容者動作時限表を参考に作成

出所:日本弁護士連合会 刑事拘禁制度改革実現本部『刑務所のいま』(ぎょうせい)

図表18　刑務所の献立例

パターン	朝	昼	夜
1	ご飯 味噌汁 梅干 お茶 ゆで卵	ご飯 ゴーヤーチャンプルー 豆昆布 蒸しパン 漬物	タコライス フレンチポテト りんご クリームスープ
2	ご飯 味噌汁 梅干 お茶 牛乳 漬物	ご飯 ミネストローネ ハムサラダ チーズ 牛乳 ジャム	うなぎ丼 チンゲン菜油揚 らっきょう 味噌汁
3	ご飯 味噌汁 たくあん漬 梅干 お茶	ご飯 揚げ魚タルタルソース マカロニサラダ 漬物	ご飯 エビチリソース チーズオムレツ 酢の物 みかん2個

出所：池川雅哉ほか「矯正施設被収容者の栄養・健康調査」

強をすることもできる。健康を害すれば薬をもらえ、症状が悪ければ手術も受けられる。

おそらくこれを読んだ方の中には、「今の自分の生活よりいいじゃないか」と思った方もいるのではないか。実際に、手取り一〇万円以下で生活していたり、お年寄りできつい年金生活をしていたりする人にとっては、社会で生きるより刑務所に収容されていた方が人間らしい生活を営めるという現実がある。一般社会と刑務所の優劣が逆転してしまうのだ。

こうした状況は途上国にはない事態を生み出す。次の事件の記事（『スポニチ』）がそれを象徴している。

●所持金13円…「刑務所の方が楽」と自首

「働くより刑務所に入っていた方が楽だから」。包丁をもって交番を訪れ、そのまま警官に手渡した男を、愛知県警熱田署は8日、銃刀法違反容疑の現行犯で逮捕した。男は住所不定、無職長谷川雪夫容疑者（41）。

同署によると、長谷川容疑者は6月から建設関係の仕事をしていたが、8月中旬以降、無断欠勤。逮捕時の所持金は13円で、調べに対し「公園で寝泊まりしていた。三食付きの刑務所に入りたかった」と供述している。

逮捕容疑は8日午前7時25分ごろ、名古屋市熱田区神宮3丁目の交番に来た際、刃渡り約17センチの包丁1本を所持していた疑い。

野外に段ボールを敷いて、ホームレスとして寒さや空腹に耐えながら生きていくのは非常につらいことだ。死ぬまでそんな生活をするくらいなら、刑務所に入って雨風をしのいで三食とりたいと考える気持ちも理解できる。残念ながら、日本にはそのような理由で犯罪に手を染め、自ら刑務所に入ろうとする人たちが一定数存在する。

途上国の刑務所で自殺に追いつめられるような受刑者からすれば、にわかには信じがたいことだろう。だが、日本の刑務所では生活環境が整いすぎているため、そうしたことが起こりえるのだ。

こうした犯罪者の中には、知的・精神障害を抱えている人々も少なくない。**「累犯障害者」**と呼ばれる人々だ。障害ゆえに社会に居心地の悪さを感じ、刑務所に入ることを目的に軽犯罪をくり返す人たちである。

法務省の発表によれば、二〇二〇年度の新規受刑者は一万六六二〇人だが、このうち知能指数が六九を下回る者（知的障害と認定されるレベル）は三三一七人に及ぶ。さらにテストを受けることさえできない者が四〇六人。つまり、**新しい受刑者の四人に一人が知的障害者**なのである。全員というわけではないが、このうちの一部は先述のように「刑務所で暮らす方が楽」と考えて、故意に罪を犯す。

また、最近では高齢の受刑者の問題も大きくなっている。二〇二〇年に検挙された人のうち、一六・九％（四万一六九六人）が六十五歳以上の高齢者だ。三十年前と比べると五倍の数字である。

こうした高齢者が犯す罪のほとんどは軽犯罪だ。図表19（170ページ）を見てほしい。全体の六九・五％が窃盗であり、女性だけに関していえば八九・五％にもなる。生活が立ち行かなくなった高齢者が窃盗に走ったり、刑務所の方が満足な暮らし

図表19　刑法犯 高齢者の検挙人員の罪名別構成比（男女別、令和2年）

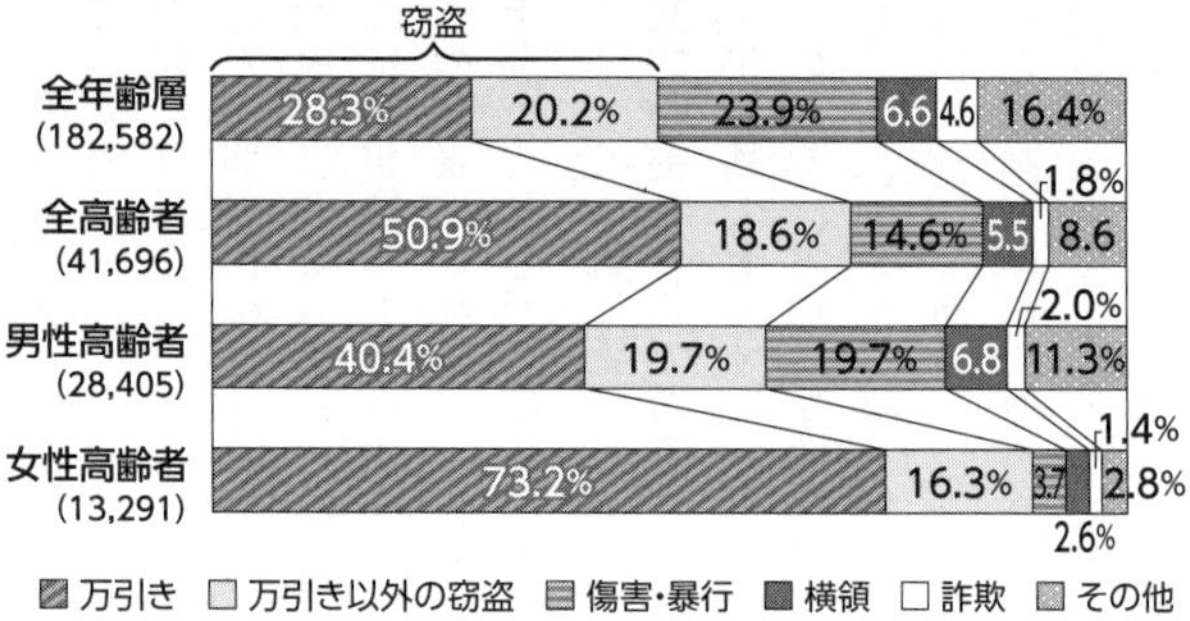

注　1　警視庁の統計による。　3「横領」は、遺失物等横領を含む。
　　2　犯行時の年齢による。　4（　）内は、人員である。

出所：法務省「令和3年版 犯罪白書」

ができるという思いでわざと無銭飲食したりして捕まるケースがあるのだ。
次の新聞記事から、高齢者の声を聞いていただきたい。

●最高齢受刑者89歳、福祉施設と化す「刑務所」の現状

高齢者工場で働く男性受刑者（70）は一昨年、膀胱癌《ぼうこうがん》の手術を受けた。健康への不安は常につきまとう。「この年で刑務所にいる現実は、本当に情けない」と嘆く。

民家に忍び込み、現金10万円を盗んだ。懲役3年6月。侵入盗の前科があり、服役は今回が6回目だ。

工事現場で働いていた約20年前、ポンプ車から転落した。両膝の靭帯《じんたい》を痛め、これまでのようには動けなくなったのに、申請が遅れて労災が認められなかったのだという。

「ここで人生を捨ててしまった」。生活費に困り、盗みに走った。出所のたびに「今度こそまじめに働く」と心に誓うが、家族も頼るべき知人もいない。職探しに行き詰まり、やがて刑務所に舞い戻る。その繰り返し。

「次に出所してもまともな仕事はまずないと思う」

生活苦、癌の再発、再犯…。不安だらけだ、という。「また刑務所に入れば、生きて出られないかもしれない」と自嘲《じちょう》気味に話した。

ただ、「情けない」と思う刑務所暮らしに、なじんでしまっているのも事実だ。定時に起床し、工場で作業し、眠る。「ここには自由こそないが、安心感がある」と、何ともいえない複雑な表情を見せた。

（『産経ニュース』二〇一四年一月十日）

日本のコミュニティーが失われた町で、心身に問題を抱える高齢者が自力で生きていくのは容易いことではない。だが、刑務所に入りさえすれば、衣食住を用意してもらえるし、介護のサービスまでついてくる。これでは刑務所の暮らしに「安心」を見いだすのも無理はない。

かつて私はネパールの元政治家にこの話をしてみたことがある。すると、次のような答えが返ってきた。

「ネパールでは、知的障害者や高齢者が刑務所の生活の方がマシと思って犯罪をすることなんて考えられません。刑務所は一般社会と比べて、生きるのに楽な場所ではありませんからね。それに、スラムや路上で暮らしている人たちは、知的障害があったり、高齢であったりすれば、家族や友人の誰かしらが助けてくれます。一応ネパールにも老人福祉施設はありますけど、先進国ほど数が少ないのは、家族や隣人がその人たちの生活を支えるからなんです。私には、なぜ豊かな日本で知的障害者や高齢者がそんなことになってしまっているのか理解できません」

こうしたことが起こる原因は、日本では「国が何とかしてくれる」「制度があるから大丈夫」「専門家に任せるべき」と考え、目の前で困っている人を突き放す傾向にあるからではないだろうか。しかし、一般に思われているほど国や制度は助けにならないのである。

途上国 途上国の貧困ビジネス

貧困と犯罪の関係を考える時、生活困窮者がする犯罪だけでなく、彼らが不当に利用されている現実にも目を向けなければならない。

「貧困ビジネス」という言葉を聞いたことがあるだろうか。これは、犯罪組織（犯罪者）が生活困窮者をだましたり、悪用したりする悪徳ビジネスだ。簡単にいえば、生活に困っていることを逆手にとって人を食い物にするのだ。

途上国における貧困ビジネスには、どのようなものがあるのだろうか。有名なものを列挙しよう。

・臓器売買
・売血
・代理母出産
・人身売買
・奴隷
・運び屋

どれも日本ではあまり聞き慣れない犯罪かもしれない。

「臓器売買」は、文字通り腎臓をはじめとした人間の臓器を売買することだ。たとえば慢性腎不全が重症化した時、患者は他人の腎臓を移植しなければ命をつなぐことができない。

患者は原則として家族から提供を受けることになる。だが、諸事情でそれが難しい場合は、第三者から臓器提供してもらうしか道がない。この時、患者と臓器提供者の間を取り持つのが、臓器売買のブローカーだ。

ブローカーは患者から日本円で一〇〇万円以上の金を受け取り、貧しい人たちに声をかける。三〇万～六〇万円払うから臓器を提供してくれと言うのだ。契約が結ばれれば、ブローカーはその人物をドナーとして病院へ連れて行き、臓器提供させる。手術を担当する医者にもそれなりの賄賂が支払われるのが普通だ。

「代理母出産」も似たようなものだ。不妊の夫婦や独身の大人が、自分と血のつながった子供を欲しいと切望したとする。それを実現するには、自分の子供を産んでくれる女性を見つけ、夫の精子を人工授精させたり、夫婦の受精卵を植えつけたりするしかない。この女性が代理母と呼ばれる。

ブローカーは、貧しい村々を周り、代理母となってくれる女性を捜す。一回の妊娠から出産までの相場は臓器売買と同じくらいの値段だ。代理母が見つかれば、依頼した夫婦に引き合わせ、希望に合った方法で妊娠させる。代理母が産んだ子供は、すぐに夫婦に引き渡され、彼らのもとで育てられることになる。

「奴隷」については、奴隷貿易の時代の話のように聞こえるかもしれないが、現代でも世界中で行われている闇ビジネスだ。ＩＬＯ（国際労働機関）の調査によれば、二〇二二年の時点で全世界に約五〇〇〇万人の「奴隷」がいるとされている。シリアやイラクで、ＩＳＩＬ（イスラム国）の兵士が誘拐した女性を奴隷として売買していたことなどが有名だろう。

「運び屋」は、麻薬や武器の密輸を貧困者にさせるものだ。たとえば南米からアメリカなどへ麻薬を運ぼうとすれば、税関の検査が厳しいので捕まってしまう。そのため、貧しい人たちを呼び集め、カプセルに入れたコカインを大量に飲ませて渡航させ、アメリカに着いた後に吐き出させる。途中で一つでも破けたらその場で中毒死するリスクはあるが、貧困者は数十万円の報酬を手にすることができる。

ここまで途上国における貧困ビジネスについて見てきたが、これらに共通する特徴に気がついただろうか。それは、すべてのビジネスにおいて**貧困者自身が取り引きの対象＝商品になっていること**だ。

実は、これが日本における貧困ビジネスとの大きな違いなのである。どういうことか。次に日本における貧困ビジネスについて考えてみたい。

日本　日本の貧困ビジネス

日本の貧困ビジネスにはどのようなものがあるのだろうか。途上国のそれと同じように代表的なものを列挙してみたい。

〈A群〉
・生活保護や年金の搾取
・生活保護受給者を介した診療・医薬品転売ビジネス
〈B群〉
・偽装結婚
・戸籍や名義の売買
〈C群〉
・ゼロゼロ物件
・闇金融

ざっと見回した時、ここに挙げた日本の貧困ビジネスに共通する特徴に気づいただろうか。そう、途上国では貧困者自身が取り引きの対象＝商品となるのに対し、日本では彼ら自身が直に商品になるというより、**彼らが持っている権利などが金に換えられているのだ。**

三つに分けてそれぞれ見ていこう。

A群は、低所得者を利用して国からお金を巻き上げるビジネスだ。

たとえば、「生活保護や年金の搾取」は、暴力団などがホームレスをかき集めて生活保護を受給させるところからはじまる。暴力団は生活保護でもらえる金を全額受け取る代わりに、彼らを格安の住居に住まわせ、粗末な食事を提供する。そしてその差額を自分たちのものとして着服するのだ。

「生活保護受給者を介した診療・医薬品転売ビジネス」は、暴力団などが病院とグルになって医療扶助を取る手口だ。暴力団は生活保護受給者を自分たちの息のかかった病院へ連れて行く。そこで医師が検査や治療をしたことにして診療報酬を国に請求する。生活保護の受給者は医療費の支払いが免除されているので、国が全額負担する。その金を暴力団と病院が山分けするのである。

読者の中には、なぜ生活保護を受給しているのに、みすみす暴力団に身を任せて金を巻き上げられるのかと不思議に思う人もいるだろう。たしかに生活保護で受けられる恩恵をすべて受けたいなら、暴力団と離れて自立して生きていけばいい。

だが、すべての人にそれができる能力があるわけではない。たとえば、知的障害のあるホームレスは、自分一人では生活保護の申請をして、安いアパートを探して、金を管理し、毎日食事をしていくことができない。ゆえに、ピンハネされてでも、暴力団に頼って生きていこうとするのである。

次にB群について見ていこう。これは低所得者が日本人であることをうまく利用して金を稼ぐビジネスだ。

在日外国人の中には外国人ホステスなど、日本人と結婚してビザを取得したいと考えている者が少なからずいる。暴力団の中には、そういう在日外国人と、生活に困った日本人を引き合わせ、偽装結婚させるビジネスをしている者がいる。

外国人ホステスが支払う額の相場は、一五〇万～三〇〇万円くらいだ。このうち偽装結婚する日本人に支払われるのは、二〇万～五〇万円ほど。それ以外は暴力団の取り分となる。

戸籍や名義も似たような仕組みで、生活に困った日本人のそれを売り買いする。生活困窮者に金を払って携帯電話を契約させたり、銀行口座を開設させたりして、それを犯罪組織に売るのだ。犯罪組織はそれらを違法行為に利用するが、事件が明るみに出たところで、生活困窮者自身が悪いことをしているわけではないので、「だまされた」としらを切れば逮捕されることはない。

最後のC群は、前者の二つとは少々異なる。こちらは、生活に困っている人間自身、あるいはその周辺の人間から金を搾り取るビジネスだ。

「ゼロゼロ物件」は、敷金礼金ゼロをうたう不動産商法だ。貯金のない低所得者は敷金礼金を支払う余裕がないので契約するが、入居した後に「鍵交換費」「生存確認費」「退去費用」といった名目で同じくらいの金額を請求される。

「闇金融」も同じく低所得者を狙った詐欺だ。金融機関からお金を借りるには、担保や収入がなければ難しい。そこで条件なしにお金を貸す代わりに、法律で決められた以上の利息をつけて短期間で返済することを強要する。

これらのビジネスが悪質なのは、契約者本人に支払い能力がない場合、家族、恋人、勤務先にまで金の取り立てをするところだ。あるいは、そうすることで本人を精神的に追いつめ、「これ以上周りの人に迷惑をかけたくなかったら、おまえが麻薬の運び屋をしろ」と言って、よりリスクの高い犯罪をさせたりする。

このようにして見ていくと、日本で行われている貧困ビジネスのほとんどが、貧しい人が保有している権利をターゲットにしていることがわかるだろう。日本では貧しい人たちは制度によって保護されていたり、日本人特有の権利を持っていたりする。犯罪者は、それを巧みに悪用し、現金へ換えていくのである。

途上国 頼りになる犯罪組織

最後に、犯罪組織のあり方について考えてみたい。

途上国の犯罪組織と聞いてイメージするのは、ギャングや麻薬カルテルのような組織ではないだろうか。

これらの犯罪組織は違法ドラッグの密売、強盗、誘拐、マネーロンダリングなど様々な犯罪を行っている。経済が崩壊した社会では、それくらいしか貧しい者が手っ取り早く金をつかむ術がない。それゆえ、一部の者たちがそうした方向へ走ってしまうのだ。

生活に困窮した人が金のために犯罪に手を染めるのは、先進国でも見られる現象だ。だが、先進国と途上国の犯罪組織を比べてみると、それが国に及ぼす影響力はかなり異なる。

先進国の犯罪組織は、日本の暴力団やイタリアのマフィアのように、社会からはみ出した人々がつくる結社のようなものだ。真っ当に生きられない人たちが集まって、「○○組」「○○ファミリー」という看板を掲げて人々に恐怖心を与え、警察に捕まらないように裏で犯罪をする。

途上国にもそういう組織はあるにはあるが、決定的に違うのは**犯罪組織が武装して国家権力を奪おうとする**点だ。単なる犯罪結社ではなく、社会の不安定さを利用して「国際テロ組織」「反政府武装組織」などと呼ばれる巨大な武装勢力にまで成長するのである。

ナイジェリアで考えてみよう。この国には「ボコ・ハラム」「ＩＳＩＬ」「ＩＭＮ（イスラーム運動ナイジェリア）」といったイスラーム系の犯罪組織や、「ＩＰＯＢ（ビアフラ先住民）」「ＮＤＡ（ニジェール・デルタ・アベンジャーズ）」といった民族や石油の利権を主張する犯罪組織がある。

これらの組織は、違法ドラッグの密売、人身売買、村の襲撃、象牙などの密猟、石油や天然ガスの略奪といった犯罪行為によって多額の活動資金を得ている。その点でいえば、犯罪集団といえるだろう。だが同時に、彼らはマシンガンからロケットランチャーまで数多の兵器を保持し、ナイジェリア政府を攻撃する反政府組織としての顔も持っている。彼らは犯罪で金を手に入れるだけでなく、政府を転覆させて自分たちが権力を握ることを狙っているのだ。

これは他の国でも同じだ。コロンビアの旧ＦＡＲＣ（コロンビア革命軍）は、その資金源をコカインの密造や要人の家族の誘拐などに頼っていたし、ウガンダのＬＲＡ（神の抵抗軍）は村の襲撃や象牙の密猟に頼っていた。

一筋縄ではいかないのが、**こうした反政府勢力や武装勢力が、一部の地域において民衆から絶大な支持を得ている**ことだ。

先ほど出したＦＡＲＣを例に考えてみよう。コロンビアでは、一握りの政治家や実業家が国の権力から経済までを牛耳って富を握っていた。民衆の一部はそうした国のあり方に反発し、農地改革や富の再分配を訴えて政治運動をはじめた。それがＦＡＲＣという組織へ発展していった。

ＦＡＲＣは、主に農村の人々の支持を得ながら大きくなり、ゲリラ戦術によって政府軍と戦った。彼らは内戦によって政府から奪った土地を農民や貧しい人に分け与えたり、診療所など福祉施設を作ったりした。そうしたことが、ＦＡＲＣの支持基盤を堅固なものにしていった。

昔、私が取材したＦＡＲＣの子供兵は次のように語っていた。

「コロンビアの政治家なんてみんな腐ってる。信じられるのは、ＦＡＲＣだけだ。ＦＡＲＣがいなくなったら、貧しい人は生きていけなくなるよ。絶対になくてはならないものなんだ」

先ほども述べたように、ＦＡＲＣの大きな資金源の一つは、コカインの密造であり、それをアメリカなど諸外国に売りさばくことによって多額の軍資金を得ていた。国民もそれが違法行為であることはわかっている。だが、国の政治家が私腹を肥やすのに躍起になっている中で、ＦＡＲＣは命を張って腐敗した国と戦い、様々な福祉サービスを提供した。国民の中にＦＡＲＣの違法行為に目を閉じ、支持をする者が出てくるのはやむをえないことだろう。

二〇一六年、ＦＡＲＣはコロンビア政府と戦闘終結で合意したが、その後も合法的な政党として活動を継続させている。このことは、民衆の信頼をいかに集めているかを物語っている。

中東でしばしばテロ組織と呼ばれるような組織も同じだ。レバノンに「ヒズボラ」という武装した政治組織がある。もともとはレバノン内戦の際にイスラエルが軍事攻撃をしてきたことがきっかけで生まれた組織だ。反イスラエル、反欧米主義を掲げ、イスラーム国家の樹立を目的としている。

イスラエルやアメリカは、ヒズボラをテロ組織として認定している。だが、レバノン国内では、ヒズボラは民衆の反イスラエル精神を代表するかのようにテロ攻撃を行う一方で、貧困者のために無償で学校を作ったり、病院や診療所を建てたりしている。日本の公安調査庁ですら、ヒズボラの福祉活動を次のように認めている。

「1982年以降、医療施設や学校の運営、社会インフラの整備等、包括的な福祉及び教育活動も独自に展開してきた。こうした動きは、シーア派住民のみならず、宗派を越えて選挙で支持を得る一因となっている」（公安調査庁ホームページより）

すべての途上国がそうだというつもりはないが、政治家の腐敗などによって格差が広がり、国民から怒りを買っている国も少なくない。そういう国では、政府と正面から戦う反政府組織が支持を集めることがあり、それが彼らの犯罪を一部で正当化させてしまうことがあるのだ。

日本 社会の成熟が生み出す「完全な黒」と「完全な白」

先進国の日本では、犯罪組織の社会的位置づけはどうなっているのか。

戦後間もない頃まで、日本は国民に十分な正義と公平を実現できていなかった。そのため、庶民にしてみれば、国より、町の顔役が率いる集団の方が頼りがいがあった。

その一つがテキヤだ。テキヤは親分の下に子分がついて盃《さかずき》を交わす関係になっており、祭りや興行の際に露店を運営することを稼業にしていた。テキヤはそれぞれの町の組合や寄合で一定の力を持っており、町の人たちの間で起きたトラブルをまとめたり、災害や引っ越しの際に人を貸して力になったりしていた。

太平洋戦争が終結した後、日本の各地に闇市ができた。食糧難の時代に、販売を禁止されていた商品を市場の何倍もの値で取引する青空市場である。そこでは開放国民であった在日朝鮮人たちが勢力を築いて露店を経営したり、戦勝国の進駐軍人が女性を襲ったりするようなことが起きていた。

当時の警察は拳銃を所持できなかったり、権限が弱かったりして、横暴な外国人を取り締まることができずにいた。そのため、警察は裏で町の顔役であるテキヤと手を組み、彼らに組合を結成させて、闇市の治安維持を任せた。テキヤが露店からショバ代などを取り立てるのを見逃す代わりに、トラブルを起こす外国人への抑止力としたのである。

こうした背景があったため、テキヤは闇市の治安を守るだけでなく、そこに群れる貧しい浮浪児や傷痍《しょうい》軍人の面倒を見た。飢えている人がいればご飯を食べさせ、職を探している人がいれば露店の仕事を紹介した。パンパンと呼ばれた売春婦たちの相談にも乗った。

私は上野の浮浪児をルポするために、当時の関係者に話を聞いたことがあるが、元浮浪児の一人は次のように語っていた。

「駅前で私のような子供がお腹を空かせて困ってますでしょ。そうすると、テキヤの兄さんがやってきて『チビ、食堂へ行くぞ』って言ってご飯を食べさせてくれるんです。今考えると、二十歳ぐらいの若い衆だったでしょうね。嬉しくてね、『お兄さん』なんて呼んでましたよ。

テキヤの兄さんが新聞売りのやり方を教えてくれたこともありました。どこへ行けば新聞を手に入れられて、どうやれば売れるかを手取り足取り教えてくれるんです。もちろん、善意でやってくれました。彼らも貧しい家で育っていたので、私のような子供に同情していたのかもしれません。ああいう人たちがいなければ、命を落としていた子供はたくさんいたと思いますよ」

混乱の中で、テキヤの存在が一定の役割を担っていたのである。

だが、戦争から数年が経つと、警察は本来の権力を取り戻すようになっていく。すると警察はテキヤに治安維持を任せる必要がなくなり、彼らを市場から締め出すようになる。これまで必要悪ということで見逃してきた闇市やテキヤを排除し、合法的な市場を作り上げていったのだ。

最終的には、テキヤは表の世界から居場所を奪われ、地下活動によって存続を図らなければならなくなる。警察はそんな組織を「暴力団」としてさらに弾圧していく。現在、俗にテキヤ系とされている暴力団の一部はその生き残りだ。

ここからわかるのは、**社会の状況によって犯罪組織が「必要悪」と見なされるか、「完全悪」と見なされるかが分かれる**ということだ。

国が治安を守る力を持っていなかったり、貧しい人たちの生活を支えられなかったりする時は、犯罪組織は必要悪として存在を容認されることがある。だが、いったん景気が良くなって社会が成熟すると、完全悪として排除される。

今、暴力団は暴力団対策法によって活動を極端なまでに締め付けられ、まともに食べていくことができなくなっている。代わりに台頭しつつあるのが、特殊詐欺や強盗などを手掛ける「半グレ」と呼ばれるグループだ。彼らは暴力団以上に潜在化し、違法行為をしている。そうした集団は今後ますます増えるはずだ。それがシロとクロがはっきりとした先進国の犯罪組織のあり方なのである。

第七章

食事

階層化された食物、
アルコールへの依存

途上国 稼いだお金の大半が食事代に

世界は、食糧危機の時代に突入している。人間が作ることのできる食糧には限界があるのに、世界人口は八〇億人を突破し、二〇五〇年には九七億人に達すると推定されている。

日本にいると食糧危機を肌で感じることは少ないかもしれない。だが、WFP（国連世界食糧計画）によれば、**現在の世界の飢餓人口は八億二八〇〇万人に上っており、毎日三万人の子供たちが飢餓によって命を落としている。**

ここで**「飢餓」**について考えてみたい。国連やNGOの報告書では度々この言葉を見かけるが、食事をとれずに餓死寸前に追いつめられている状態だけでなく、極端に栄養が偏った状態も含まれる。つまり、栄養が摂取できていない**栄養失調**と、栄養に偏りができている**栄養不良**の両方を示すのだ。

先に栄養不良から考えていこう。

栄養不良とは、一日に一、二度の食事をとっていても、貧困ゆえにバランスのいい食べ物が手に入らず健康を害している状態だ。米だけ食べて胃だけを満たしていれば、魚やキノコに多く含まれているビタミンDが欠乏して骨がもろくなるし、油をたくさん使用したファストフードだけを食べていれば、肥満になって肝臓や腸など内臓の疾患を引き起こす。貧困はこうした形で人々の健康を蝕《むしば》むのである。

では、途上国の貧困者の食糧事情はどのようになっているのだろうか。

これまで見てきたように、途上国のスラムや路上では貧困者たちがコミュニティーを築き上げて生活をしている。食事においても、仲間たちとともに食材を買って一度に調理をすることで、一日一・五食から二食をなんとかとっている。まとめて食材を買えばそれだけ値引きが可能になるし、いっぺんに調理すれば道具や薪代などの節約になるので、絶対的貧困の生活にあっても最低限必要なエネルギーをとることができるのだ。

インドのスラムを訪れた時、女性からこう教えられたことがある。

「スラムでの暮らしで一番かかるのは食費なのよ。バラックで暮らしていれば、水代とかガス代とかはかからないでしょ。住宅費だって本来はかからない。だから稼いだお金の大半は食事代に消えているの」

ただし、食事で重要なのは、どれだけバランスよく栄養を摂取しているかだ。彼らは教育を受けていないのでそうした知識に乏しいし、仮にあってもそれだけの食材を買う金がない。

そのため、彼らは安い食材、あるいはお腹の膨れる食材だけを優先して購入し、それればかりを食べる。インドやパキスタンといった国であれば、チャパティーやナンといった炭水化物でお腹を膨らませようとする。本来は一緒に肉や野菜を食べなければならないのだが、その金がないので香辛料で味付けした油を少し浸す程度だ。

東南アジアでは、それが米やヌードルといった炭水化物になる。おかずといっても、ちょっとした豆や野菜をまぜるくらいだ。彼らと食事の話をしていると、こう言われることが少なくない。

「もう三カ月も米とヌードルしか食べていません」

どうしてもビタミンが欲しければ、彼らは食生活を変えるのではなく、市販のビタミン剤を飲んで済ませようとする。だが、それだけではなかなか健康は維持できず、後に見るような問題を引き起こす。

貧しい人たちの中にはそうした食事すらできず、餓死する人もいる。栄養失調の状態である。彼らがそうなるのは、貧困に加えて次のような事態に襲われた時だ。

1. コミュニティーからの排除

2. 自然災害による環境の変化

スラムや路上で暮らしていても、その人がコミュニティーに属している限りは、相互扶助のシステムによって必要最低限のエネルギーをとることは可能だ。だが、何かしらの理由で、コミュニティーから外れてしまうと、その人は独力で生きていかなければならなくなる。栄養失調の状態は、往々にしてこういう時に起こる。

私がケニアの施設で聞いた少年の例を紹介したい。

●ケニアのストリートチルドレン

ケニアの田舎町に一人の少年がいた。彼は農村での貧しい生活に嫌気がさして家出をし、ナイロビでストリートチルドレンとして暮らしはじめた。

ストリートチルドレンの社会にもコミュニティーはあり、少年は同じような年齢の子供のグループに入り、助け合って暮らしていた。大人の路上生活者たちと同じように所持品を貸し合ったり、食べ物を分け合ったりするのだ。

そんなある日、彼は友達から勧められた違法ドラッグを使用し、性格が一変した。性格が粗暴になり、誰彼問わず暴力を振るうようになったのだ。グループの仲間に対しても同様だった。仲間たちはそんな彼を疎《うと》ましく思い、グループから追放した。

少年は別のグループに入ろうとしたが、薬物中毒がひどくてどのグループからも締め出された。食べ物に困り、やむなくゴミを漁って胃を満たしているうちに、食中毒で激しい下痢を起こして倒れた。

食べ物は手に入らないし、病気もよくならない。このまま自分は餓死するのだ。そう思っていた矢先、たまたま通りがかった施設の職員に声をかけられて救出された。


この例からわかるのは、コミュニティーというセーフティーネットを失った途端に、飢餓のリスクにさらされるという現実だ。

いくら貧しくても、本人に危機意識があれば何としてでもコミュニティーにしがみつくが、薬物中毒になれば自らその命綱を手放してしまう。それが餓死へと直結するのである。

もう一つの「自然災害による環境の変化」は不可避的な要因だ。

貧しい人々はコミュニティーのつながりの中でギリギリの生活を保っている。ところが、そこに干ばつ、洪水、台風、竜巻、地震、伝染病といった不可避の災害が起こり、コミュニティーの相互扶助システムが崩壊してしまうことがある。

たとえば、ソマリアでは干ばつが頻発している。過去数十年にわたってくり返し干ばつに襲われ、ひどい年には数百万人の人々が食糧難に直面するといったことが起きてきた。こうなるとソマリア全土が食糧危機に陥り、コミュニティーの相互扶助システムでは補いきれなくなる。

このタイプの飢餓は、都市部より地方で悪化しやすい。災害が起きれば、都市部では国の政府や諸外国から支援が行われることがあるが、地方では交通の問題からそれが届きにくく、食糧がゼロになるリスクが高いのだ。これが大量の餓死を引き起こす。

このように貧しい人々が常に栄養不良に直面している国では、そこに別の問題が加わることによって、餓死が引き起こされるのだ。

では、日本の相対的貧困層の人々はどうなのか。次はそれを見ていこう。

日本　日本でなぜ餓死者が出るのか

国内で生活に困窮している人たちは、一カ月の食費にどれくらいの額をかけているのだろう。一例として生活保護受給者のそれを考えてみる。

東京二三区の単身生活保護受給者の場合、家賃を除いた生活扶助は七万円前後である。通信費や光熱費などを除けば、食費に充《あ》てられるのは月三万〜三万五〇〇〇円。一日に換算すると一一〇〇円ぐらいだ。

全国のスーパーのお弁当の平均は一個当たり四〇〇～五〇〇円。賞味期限が近い安価な弁当を選んで、一日にどうにかこうにか三食というのが食生活と考えていいだろう。

ただし、アルコールや甘い物や煙草が好きな人であれば、その分の額を食費から削らなければならなくなるので、食事の量は減る。**生活保護受給者の四割が食事を一日二食以下に抑えている**とされているが、原因はそうしたことにある。

これより困難な状況に置かれているのが、生活保護を受給していない、相対的貧困層の子育て世帯だ。生活保護を受けていれば、子供の数に応じて生活扶助や教育扶助が増額されるが、彼らはそうではない。子供が増えた分だけ、生活費に占める食費の割合が増えることになる。

かつて国会で紹介された家庭の例を挙げよう。母子家庭で、小学生と中学生の子供が一人ずついた。この家庭が一週間に充てられる食費は全部で七〇〇〇円。一食当たりにすると一人一一一円である。食事を二回に減らしたとしても一食当たり二〇〇～三〇〇円ぐらいが限界だ。ご飯やパンにおかずが一品ついている程度である。

貧困支援のＮＰＯのスタッフから次のような話を聞いたことがある。

「日本の貧しい母子家庭が三食ちゃんととろうとしたら、レストランやスーパーで働いて余りものをもらうのが一番だと思います。収入は低くても食べていくことはできますからね。とはいっても、そういう職場では正社員登用がほとんどありませんし、収入は低いまま据え置きというのが普通です。そうなると、食べていくことはできても、貧困から脱することができなくなるんですよ」

私が取材したシングルマザーの家庭では、朝食はとっておらず、夕食はケチャップやマヨネーズをつけた米を食べているだけだった。その代わり、昼に母親はレストランのまかないを食べ、子供は給食を食べることで最低限の栄養を摂取していた。日本ではこうやってなんとか健康が維持されているのだ。

では、日本では人が餓死することはないのか。そういうわけではない。ごく稀《まれ》にではあるが、日本でも餓死に関するニュースが流れることがある。

日本で起きた餓死事件について見てみよう。

●見過ごされた〝困窮死〟痩せ細った72歳と66歳の兄弟死亡

去年12月24日のクリスマスイブ、江東区北砂の集合住宅で異臭がすることなどから通報があり、駆けつけた警察官が、男性2人の遺体を見つけました。

警視庁によりますと、死後4日から10日ほどたっていて事件性はないと判断されました。

その後の関係者への取材によりますと、亡くなったのはこの部屋に住む72歳と

66歳の兄弟で、いずれも痩せ細っていて低栄養と低体温の状態で死亡したとみられています。体重は兄は30キロ台、弟は20キロ台しかありませんでした。

料金の滞納で電気やガスが止められていて、電気が通っていない冷蔵庫に入っていたのは里芋だけでした。水道も5か月前の去年7月から料金を滞納し、止められる直前でした。

兄弟は台東区の生まれで、およそ20年前から江東区のこの部屋で2人で暮らしていたということです。いずれも年金はありませんでした。

弟はかつて運送会社に勤務していましたが、現在は無職。兄は警備会社に勤めていて、その給料が2人の唯一の収入だったとみられていますが、去年9月ごろから体調を崩して働けなくなっていました。

近所づきあいはほとんどなく、兄弟が困窮していたことを知る人はいませんでした。

集合住宅の同じ階におよそ30年住んでいるという80代の女性は「2人が亡くなっていたことも知らなかった」と話していました。

親族とのつきあいも途絶えていて、2人の遺体を引き取った唯一の親族によりますと、最後に会ったのはおよそ15年前だということです。

この親族は「亡くなったことを知らせる警察からの電話で、初めて2人が困窮していたことを知った。遺影もなく、葬式もせずにそのまま火葬してもらった」と話していました。

さらに江東区の福祉担当の部署も、先月にNHKから取材を受けるまで今回のケースそのものを把握しておらず、兄弟は福祉の支援を受けていませんでした。

区によりますと、亡くなった2人から生活保護の申請や相談はなかったということです。

（NHK　2020年2月6日）


こうした事件は過去に何度も起きており、ニュースになるたびに行政の対応の不備が指摘されてきた。

正直にいえば、この類《たぐい》の事件を防ぐのは容易なことではない。**当事者が認知症の進んだ独居老人であったり、知的・精神障害の人であったりする**ためだ。症状がそこまで進行していない間はなんとか生活ができていたとしても、何かのきっかけで急に悪くなることで、世間との関係が絶たれ、生活を維持できなくなってしまう。それによって、餓死という最悪の事態が起こるのだ。

行政も高リスクの人への見守りの重要性は理解しているが、すべての家庭を細かくチェックするのは不可能だ。最初から症状が深刻な人ならともかく、ある日突然悪化した人まで把握するのは難しい。

右記の事件にしても、報道によれば収入があったのは兄だけだ。その兄が体調を崩していたことを考えれば、ある日を境に二人の生活が急にうまくいかなくなったのであろうことは想像がつく。

メディアは、餓死が起きたことを報じても、当事者がどのような問題を抱えていたのかをつたえることはない。だが、その部分に注目しなければ、事実を見誤ってしまう。

途上国 階層によって食事が分断されている

昔、インドのスラムでインタビューをした時、こう言われたことがある。

「俺はタンドリーチキンも、シシカバブも、キーマカレーも食べたことがない。あんなのは、俺たち貧乏人の食うものじゃないんだ」

似たようなことは、他の国でもよく耳にする。途上国では、**階層によって食べるものがまったく違う**ということがよくあるのだ。

インドネシア料理で考えてみよう。日本人になじみのあるインドネシア料理といえば、「ナシゴレン（炒飯）」や「サテ（焼き鳥）」や「焼きビーフン」などではないだろうか。これらのメニューは、大抵の東南アジアレストランにはそろっている。

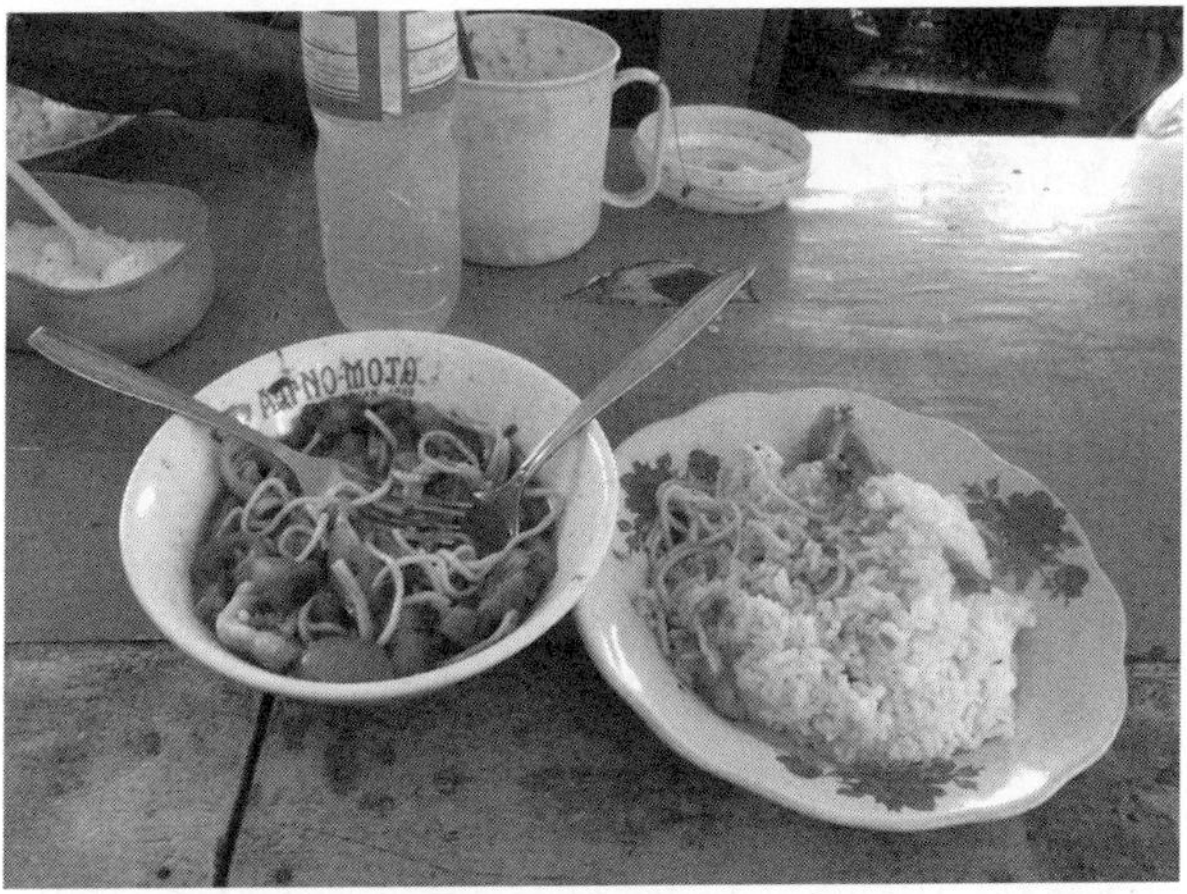

インドネシアのスラムの屋台で売られている食事

インドネシアを訪れたことのある人ならわかると思うが、今挙げた料理は現地の屋台からレストランまで幅広く提供されている。人々は懐事情に応じて、それを屋台で食べるか、レストランで食べるかを決める。

だが、スラムの食堂を訪れると、右記の料理を見かけることはほとんどない。そこで出されているのは、写真のような「ぶっかけメシ」とでも呼ぶべきものである。その日に手に入る安い具材を煮込んで、ご飯や麺といった炭水化物と混ぜて出しているのだ。具材の中には魚の頭、カエル、時にはミミズといった富裕層が口にしないようなものが含まれることもある。

スラムでのみ食されるものを、私は

「貧困フード」と呼んでいる。

貧困フードは食材の他に、調理の仕方にも特徴がある。彼らが手に入れる安価な食材は、古く傷んでいたりすることが少なくない。加えて、冷蔵庫がないので生のまま長く保管できない。そのため、臭みを消して長持ちするように、カラカラになるまで油で揚げることがある。

こうした貧困フードとして有名なのが、アメリカの黒人奴隷が生んだ「フライドチキン」だろう。彼らは白人が食べない鶏の足を油で揚げることで、美味しく食べることができて、かつ日持ちし、栄養の高いフライドチキンという料理を生み出した。

同じことは今の途上国にも当てはまり、ぶっかけメシのようにその場で食するもの以外は、鶏肉でも魚でも卵でも油で揚げる。東南アジアでもアフリカでも、スラムの食堂や食材店へ行けば、まるで煎餅のように揚げられた料理が陳列されているのはそのためだ。

タンザニアのビクトリア湖近くの町を訪れた際、スラムのガイドをしてくれた男性がこんなことを教えてくれた。

「この国じゃ、金を持っている人たちは湖で獲れるナイルパーチの胴体を食べるんだ。ナイルパーチの胴体は肉がつまっていてうまいだろ。外国へも輸出されている。けど、俺たち貧乏人は、ナイルパーチの頭や尻尾を食べるんだよ。ちょっと焼いただけじゃ食えないけど、油で十分に揚げれば、頭も尻尾もスナックみたいに食える。これが俺たちの食事なんだ」

階層の違いが、料理だけでなく、調理法や部位にまで影響するのである。

日本　栄養価の高い炊き出し

世界でも日本食は安くて美味しいと評判だ。格差という視点から見た場合、**日本では階層によって食べる料理がまったく違うということはあまりない。**

もちろん、日本にもアワビ、マツタケ、伊勢海老、松阪牛といった高級食材はある。だが高所得者だからといって毎日それらを食べているわけではないし、低所得層の人々だって毎日食パンの耳やカップ麺だけを食べているわけではない。

そう、日本における食の特徴は、階層ごとに厳密に分かれているのではなく、料理自体は同じものを食べていることだ。具体的にいえば、高所得者だって牛丼やたこ焼きやソバを食べるし、低所得者だって寿司やステーキを食べる。よほどのことがない限り、たこ焼きを食べたことのない富裕層はいないだろうし、寿司を食べたことのない貧困層もいないはずだ。

もちろん、両者が食べている料理は同じであっても、食べる場所や価格には違いは

図表20　ホームレスの1日の食事回数

食事回数	全国調査
1日3食	28.9%
1日2食	46.2%
1日1食	16.9%
その他（不定期等）	8.0%

出所：厚生労働省「平成15年度 ホームレスの実態に関する全国調査」

図表21　ホームレスの食料調達の方法

調達方法	比率
購入	82.6%
炊き出し	38.2%
仲間の差し入れ	18.1%
コンビニ期限切れ	8.0%
拾う	4.1%
その他	3.6%

注：複数回答

出所：東京都墨田区「平成17年度 ホームレス実態調査」

ある。富裕層は高級な寿司店へ行き、貧困層は一貫一〇〇円の回転寿司店へ行くなどだ。それでも、料理自体が完全に分断されているというわけではない。

さらに日本の珍しいのは、似たようなことがホームレスにも多少なりとも当てはまることだ。図表20、21のように、日本では一日二食以上平均してとっているホームレスが七五・一％になっている。その食事の中身は「購入」「炊き出し」「仲間の差し入れ」などが圧倒的に多い。

日本の場合はこの炊き出しの中身が非常に豪勢なのだ。牛丼、焼き肉、カレーライス、ハンバーグ、シチューなどが提供されており、正月やクリスマスにはケーキなどが配られることも少なくない。NPOが無償で配っている弁当も然《しか》りで、レストランで販売されているテイクアウトの弁当に加えて、野菜ジュース、鯖缶、饅頭などが添えられていることもある。

　都内の韓国系の教会で働く男性は、教会が行っている炊き出しについて次のように語っていた。

「都内では、毎日何カ所かで炊き出しが行われています。ホームレスの人たちは、こっちの炊き出しは量が多くて美味しくて、あっちの炊き出しはデザートとジュースが充実しているなどと情報を交換し合って、どこへ行くかを決めます。自然と人気のある炊き出しと、人気のない炊き出しに分かれてしまう。だから、炊き出しをするNPO側にしても、他のところに負けないようにご馳走を用意するんです。ホームレスの人たちに集まって喜んでもらわなければ意味がありませんからね」

　この日、教会が提供していた炊き出しは、牛肉がたくさん入った韓国料理クッパだった。大きな容器に山盛りにして出され、ホームレスたちは湯気を吹きながら頬張っていた。韓国料理店で注文すれば、一五〇〇円ぐらいはするようなものだ。

　なぜ炊き出しのレベルがここまで上がるのか。

　日本の支援団体は決して財政的に裕福なわけではない。だが、支援事業をしている以上、炊き出しに何人集まったとか、何人に弁当を配ったということが実績になる。それゆえ、生活困窮者が集まるようなものを提供しなければならないのだ。

先の韓国系の教会の関係者も同様のことを語っていた。教会は炊き出しに大勢の人を集めていることを宣伝につかったり、募金の理由につかったりしている。そのため、なるべく多くの人たちを集めようと躍起になっている。

すべての支援団体がそうだというつもりは毛頭ないが、一部でこうした競争が起きているのも現実なのだ。

途上国 貧困フードの危険性

絶対的貧困層の人々の食事は、すでに述べたように栄養計算された料理ではない。胃を膨らますためにライスやパンだけを食べていれば栄養は偏るし、ビタミン剤を飲んだところで不足分を完璧に補えるわけでもない。ぶっかけメシや揚げた魚の頭などの貧困フードの中に、人体に有害なものが含まれていることもある。

そうした食事は、貧困層の健康にどのような被害をもたらすのか。三つの点から考えたい。

1. 栄養不足が引き起こす悪影響
2. 栄養不良が引き起こす悪影響

3．危険な食事が引き起こす悪影響

1の栄養不足から見ていこう。

スラムで暮らす人々は肉体労働など体力をつかう仕事をしていることが多い。本来はその分だけ栄養を摂取しなければならないのだが、一日に二食とれるかどうかといった生活をしていれば、栄養は足りない。

子供も同じだ。学校で勉強をしている子供に比べれば、スラムで幼い子の面倒を見たり、家事の手伝いや児童労働をしたりしている子供の方が消費するエネルギーは大きい。もし栄養のある食事ができなければ、体力は目に見えて落ちていくだろう。

こうした人々が直面するのが、体の免疫力の低下だ。スラムは衛生状態が悪く、多くの病原菌が蔓延している。そのため、仕事による疲労と栄養不足が重なることで、それらに感染しやすくなるのだ。

これを示すのが、途上国の子供の死因だ。貧困層の子供たちの最大の死因は、「肺炎」と「下痢」となっている。免疫力の低下によって、不衛生な環境の中で感染症にかかり、肺炎や下痢といった症状で簡単に命を落としてしまっているのである。

国連もこうしたことに懸念を示しており、**五歳までに亡くなる子供の三人に一人が栄養不足が原因**と指摘している。逆にいえば、栄養をとれていれば、ここまで子供の死亡率が高くなることはなかったはずなのだ。

次に、2の栄養不良が引き起こす問題について見ていこう。人間は適切な栄養をバランスよく摂取するからこそ、健康を保つことができる。だが、生活に困窮している人たちは、安価なものだけを食べるので栄養に極端な偏りが生じていることが多く、それが身体に悪影響として現れる。

具体的にいえば、タンパク質を十分にとらなければ、子供は身体の成長が遅れるなどの発育障害が生じるばかりか、脳の成長までもが阻害されることがある。スラムへ行って子供に会えば一目瞭然だ。スラムの子供たちは実年齢より三、四歳は体が小さく、八歳か九歳くらいと思って年齢を尋ねたら、十二歳という答えが返ってくるのが普通なのだ。

あるいは、ビタミンAの不足によって目や皮膚に異常が生じることがある。目であれば、視力が低下し、暗部でものを見たり、色彩の区別をつけたりするのが難しくなり、最悪の場合は失明に至る。

ビタミンB_1が足りない場合は、脚気《かっけ》になる危険が出てくる。全身の倦怠感《けんたいかん》や体のむくみが生じ、重症化すると末梢《まっしょう》神経障害や心不全が起きる。

こうして見ると、栄養不良が子供たちのいろんな病理に関係していることがわかるだろう。ちなみに、人間は生後一、二年の間に体のベースを作り上げるので、二歳までに栄養バランスを整える必要があるとされている。貧困が原因でそれができなければ、一生にわたって身体に問題が生じるリスクが高まる。

次は、WFPのホームページに載っている言葉だ。

「特に栄養が必要な時期は、赤ちゃんがお母さんのおなかの中にできて（妊娠）から、生まれて2才の誕生日をむかえるまでのおよそ1000日間です。この時期に栄養が足りないと、後でいくら栄養をとっても完全な回復は難しく、健康の問題が残ってしまいます」

幼少期の栄養不良は、一生にわたってその人に健康被害を及ぼすのだ。

最後に3を見ていきたい。絶対的貧困層の人々にとって有害な食事には二パターンある。一つ目は食材そのものが腐敗するなどして悪くなっていること。二つ目は食材にウイルスや細菌が付着していることだ。前者はにおいや色でわかるが、後者はなかなか見分けがつかない。

たとえば、スラムの川は排泄物が垂れ流しになって水が汚染されているので、川の水で洗った野菜が赤痢菌やコレラ菌に毒されていることがある。あるいは、料理に使用する水が、工場用排水によって水銀などに汚染されていることもある。だが、それが有害なレベルかどうかは見た目では判断できないので、気づかないうちにそれらを摂取して体を壊してしまう。

非衛生的な地区に暮らす人たちは、こうした危険性をわかっているが、現実的には細かく気にしていたら生活できない。それゆえ、彼らは半ば諦めて川の水を生活用水として使っている。

バングラデシュのスラムの診療所で働く男性は、こう語っていた。

「しばらくまともに食事ができない日がつづくと、女性が栄養不足になって母乳が出なくなってしまう。これが危険なんだ。彼女たちは粉ミルクを買う金がないので、川の水を飲ませてごまかそうとする。だけど、その水が汚染されているので、赤ん坊が病気になって死んでしまうんだ」

国連の統計によれば、**世界にはきれいな水を飲めない環境にある人が一一億人いる**とされている。つまり、八人に一人はリスクのある水をやむをえず飲みつづけているのである。

日本 日本の「食糧危機」

必要最低限の生活が保障されている日本では、栄養をとれずに命を落とすということは基本的にはない。生活保護、炊き出し、フードバンクなど、何かしらの方法で胃袋を膨らます術がある。

ならば、貧困層の人々は食事の面で健康を害することはないのだろうか。必ずしもそうとは断言できない。表面的には同じものを食べているようでも、実際にはかなり栄養バランスが偏った食生活をしているということが珍しくないのだ。

先日、わかりやすい事例に出会ったので紹介しよう。

ある富裕層の経営者から「タコパ（たこ焼きパーティー）をやるから家に来てくれ」と言われた。十数人の参加者がおり、私はデパ地下で買った土産をいくつか持参して家を訪れた。

ホームパーティーのメインはたこ焼きで、その経営者が自分で焼いて振る舞ってくれた。だが、テーブルにはそれ以外にも、奥さんが料理したサラダ、サンドウィッチ、ビーフシチュー、アヒージョなども並んでおり、私を含む来客が持ってきた土産も振る舞われた。名目上は「タコパ」であっても、それ以外のものの方が多かった。

他方、私はかつて生活保護を受けているシングルマザーから、「友達とタコパで新年会をするので来てくれ」と誘われたことがある。この時も、私は土産を持って、彼女の暮らす公営団地に行った。

家には私以外に三組のシングルマザーと子供が招かれていたが、土産を持ってきたのは私だけだった。そしてそこで出されたのは、たこ焼きの他に、ポテトチップスとチョコレート、それに発泡酒と酎ハイだけだった。その名の通り、「タコパ」だったのである。

ここからどのようなことがわかるだろうか。

同じ「タコパ」であっても、富裕層の人たちは栄養バランスを考えていろんなものを口にする。これに対し、貧困層の人たちはたこ焼きならたこ焼きだけを食べる傾向にあるということだ。

これはタコパに限った話ではなく、日常の食習慣にも通底することだ。私自身の経験からいえば、富裕層の人たちと居酒屋へ行けば、コース料理のように様々な種類の料理をバランスよく注文する印象がある。一方、貧困層の人たちは、串カツなら串カツだけを食べつづけるとか、お好み焼き、焼きそば、ピザ、から揚げなど、似たような高カロリーの料理ばかりを注文することが多い。

全員に当てはまることではないが、ここで挙げたことが私の偏見ではないことを示すために、一つの統計を示したい。図表22を見てほしい。食生活を三種類に分類したものだが、低所得の人ほど、穀類（米やパンや麺）を主とした炭水化物の摂取量が多く、逆に野菜の摂取量が少ないのがわかるだろう。

こうしたことが起こる原因は、階層によって食習慣が違うためだろう。富裕層の人々は小さな頃から食費より栄養バランスのことを考えて、いろんな料理を満遍なく食べてきた。だから大人になっても、バランスを大切にして食事をする。だが、貧困

図表22　世帯所得と食生活・健診の関連

	世帯所得		200万円未満	200万円以上600万円未満	600万円以上
食生活	穀類摂取量	男性	535.1g	520.9g	494.1g
		女性	372.5g	359.4g	352.8g
	野菜摂取量	男性	253.6g	288.5g	322.3g
		女性	271.8g	284.8g	313.6g
	肉類摂取量	男性	101.7g	110.0g	122.0g
		女性	74.1g	78.0g	83.9g
健診	未受診者	男性	42.9%	27.2%	16.1%
		女性	40.8%	36.4%	30.7%

出所：厚生労働省「平成27年国民健康・栄養調査報告」

層の人々はそうした習慣がないので、エネルギーはとれていても、バランスが偏る傾向にある。

こうした食生活は貧困層の人々の健康に少なからず影響を及ぼす。たとえば、図表23（214ページ）を見れば、所得が低ければ低いほど、肥満になりやすいという現象が起きているのがわかるだろう。野菜や魚などを均等に食べる人と、から揚げやラーメンばかりを食べる人とでは、肥満率が違ってくるのは当然だ。

さらにいえば、肥満は高血圧、動脈硬化、糖尿病、月経不順、それに大腸がんや乳がんなどのがんを生み出す要因となっている。また、安価な食材には健康に悪い物質が含まれているリスクも高い。生産の過程で大量の除草剤、害虫駆除

図表23　所得とBMI値（肥満度）の関係

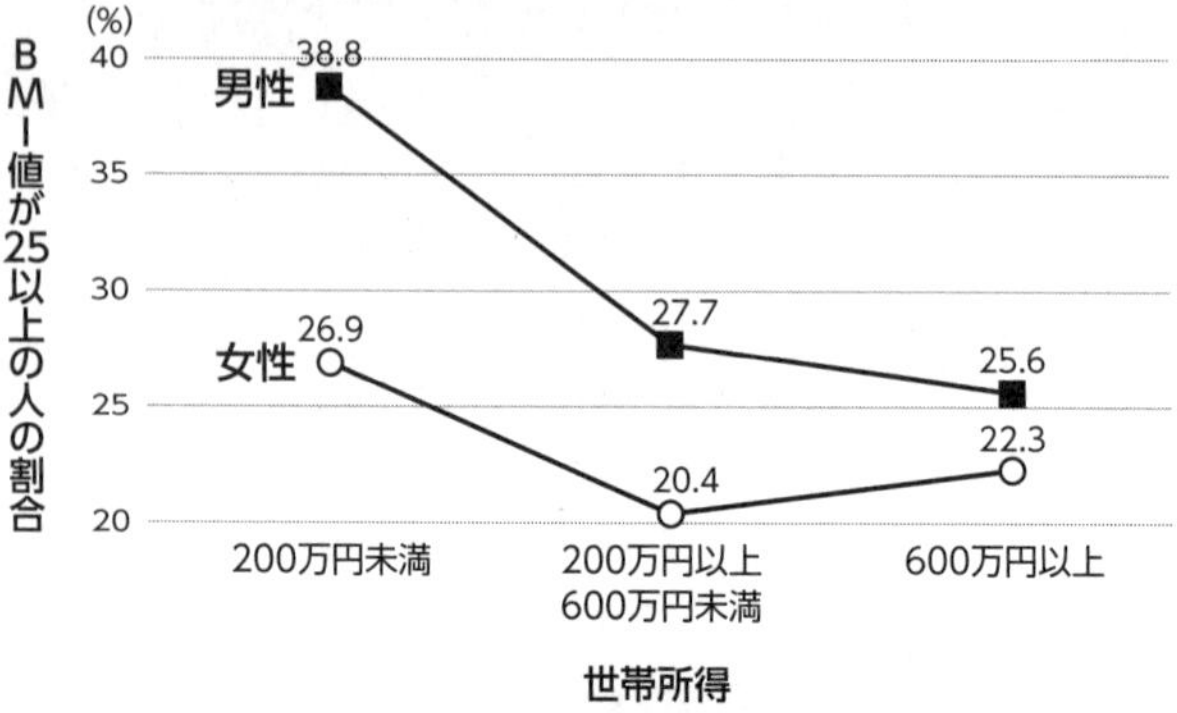

出所：厚生労働省「平成27年国民健康・栄養調査報告」

剤、防カビ剤、肥育ホルモン剤、着色料、防腐剤などが使用されていることがあるからだ。

先に、私は日本では富裕層と貧困層とでは口にする料理にそこまで大きな違いがないと述べた。だが、バランスのいい食生活を送れているとか、食材が安全かといったことは別の問題であり、その点においては階層による差が多少なりとも現れるといえるのである。

第八章

病と死

コミュニティーによる弔い、行政による埋葬

途上国　貧困者が直面する死のリスク

貧困が人間の寿命に与える影響はどれほどのものなのだろうか。

国連は先進国と後発開発途上国（途上国の中でも特に発展が遅れている国）に分けて平均寿命を算出している。それによれば、先進国の多くが八十歳を超えているのに対して、後発開発途上国は六十六歳となっている。十五歳くらいの差がある。

日本は世界有数の長寿国として知られており、男性が八十二歳、女性が八十八歳だ。国別の平均寿命を見ても、日本が八十四・三歳であるのに対し、レソトや中央アフリカなどといった国では五十三歳となっているので、三十歳くらいの違いがあることになる。

こうした統計を見れば、貧困が人間の命を縮めていることは明らかだ。一体何が原因で、そのようになっているのか。次の三点から考えてみたい。

1．免疫力が低く病気にかかりやすい。
2．危険な環境にいるために事故や災害に遭いやすい。
3．途上国特有の病気がある。

免疫力の問題は、第七章で少々触れたのでイメージしやすいだろう。栄養価が不足すれば、人間の免疫力は低下し、感染症にかかりやすくなる。

スラムや路上といった場所は衛生状態が悪いため、多数の病原体であふれている。子供の肺炎や下痢についてすでに述べたが、肺炎であればマイコプラズマ菌、下痢であればコレラ菌や赤痢菌などが原因となって引き起こされる。排泄物が浮かんでいるような川の水を飲んだり、それを使って料理や洗濯をしたりしていれば、免疫力の低い生活困窮者は病気になる。

大人においても同様だ。大人は子供時代に劣悪な環境を生き延びてきたサバイバーであるため、一定の耐性を備えている。だが、子供と違うのは、性感染症などの別のリスクが増えることだ。

性感染症の一つであるＨＩＶ感染症が「貧困の病《やまい》」と呼ばれているのをご存じだろうか。もともとＨＩＶの感染率は低く、性行為の場合は女性から男性への感染率は〇・〇五％（二〇〇〇回に一回）しかないといわれている。

現在、日本で最初のＨＩＶ感染者が発見されてから四十年ほどが経っているが、国内の感染者の合計人数は三万四〇〇〇人にすぎない。同じ性感染症のクラミジアの感染者がわずか一年で二万〜三万人に上ることを考えれば、いかに感染しにくい病気かがわかるだろう。

それを踏まえた上で、図表24を見てもらいたい。先進国より、貧困国のＨＩＶ感染者が多いのがわかるはずだ。ＵＮＡＩＤＳ（国連合同エイズ計画）によれば、世界に三八四〇万人いるＨＩＶ感染者のうち、約五割はアフリカのサハラ以南の貧しい国に集中しているのだ。大きな要因の一つが、貧困層の人々の免疫力の弱さだといわれている。

日本では、低所得層の人々もそれなりの栄養をとれているので免疫力が著しく低下していることは少ない。それゆえ、性行為をしたところで、感染率は〇・〇五％に留まる。しかし、途上国の栄養失調に陥っている人であれば、免疫力が落ちていたり、別の性感染症や皮膚病にかかっていて性器が傷ついていたりすることで、格段に感染しやすくなる。それが先進国と途上国のＨＩＶ感染者数の違いとして顕在化するのである。

２については、絶対的貧困層の人々の生活環境が大きく関係してくる。彼らが地方からやってきて、不法占拠できる町の土地は、一般の人々が近づきたがらない空き地に限られる。

このような土地とは、具体的にいえば、電車の線路に面した危険な場所だったり、雨季には洪水の被害に遭いやすい低地だったり、丘の上の急な斜面だったりする。こ

図表24　高所得国/低所得国の死亡原因トップ10

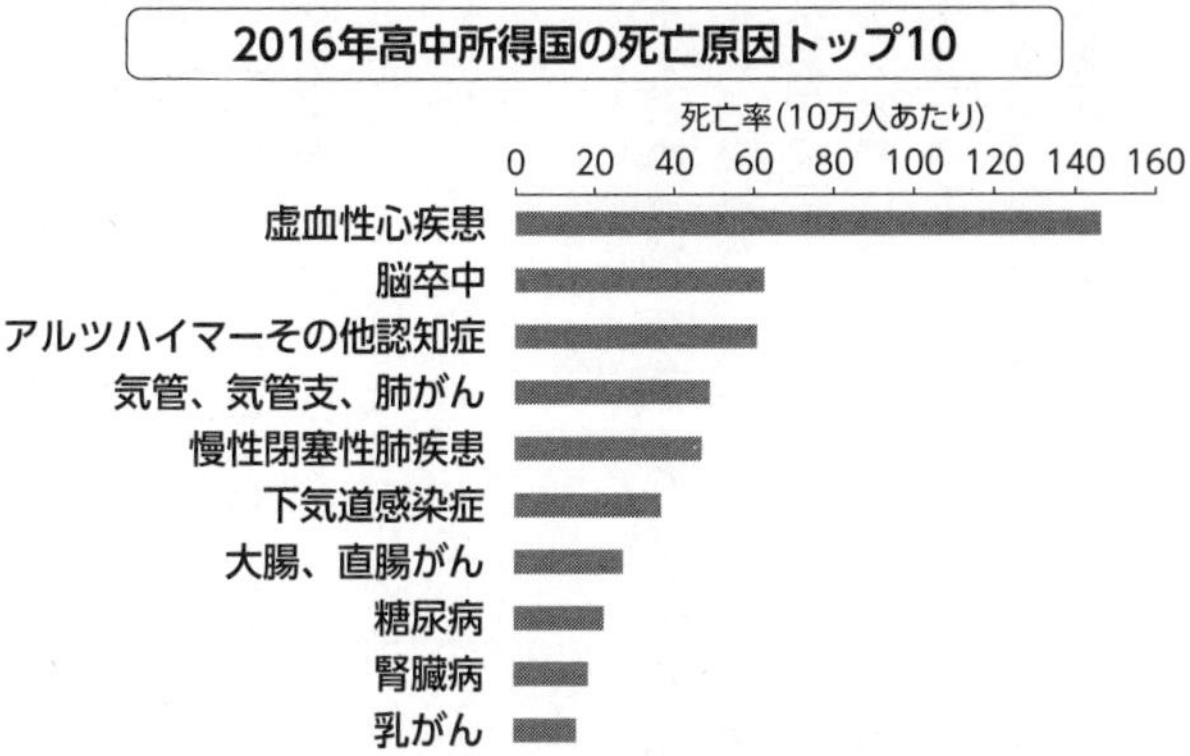

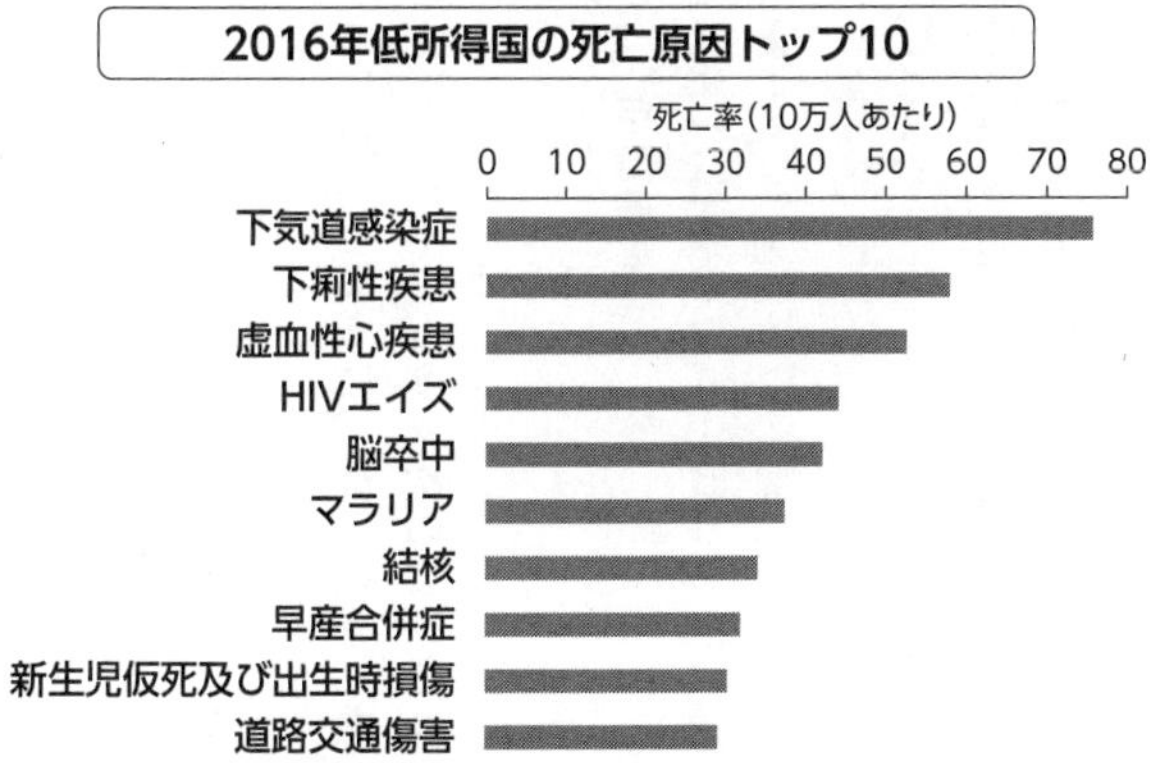

出所:Global Health Estimates 2016

ういう土地にバラックを建てて生活をしていれば、事故や災害に巻き込まれやすいことは容易に想像がつく。

時折、海外のニュースで台風や洪水で何百人が死亡といった話を聞くことがあるだろう。ああいう事件の裏には、危険な土地で暮らす貧しい人たちが犠牲になっているという現実がある。

路上生活者に至ってはさらに深刻だ。すでに述べたように、彼らは常に熱中症や凍死といったリスクにさらされている。たとえば、日本でも度々次のようなニュースが報じられている。

●インドの熱波、死者1800人に　過去20年で最悪

インドで29日、熱波による死者が過去20年で最多となる1800人に達し、当局は熱中症患者を救急医療患者として治療するよう各地の病院に指示した。

インドでは毎夏、貧困層を中心に数百人単位の人々が暑さで死亡しているが、今年の死者数はすでに年平均の2倍に達している。

だが専門家によると、実際の死者数はさらに多い恐れがある。熱中症の影響を最も受けやすい貧困層やホームレスの人々は、病院で亡くなることが少ないからだ。

これまでに確認された死者の大半は南部のテランガナ（Telangana）州とアンドラプラデシュ（Andhra Pradesh）州からで、現地の医師によると両州各地の病院は重度の熱中症患者であふれかえっているという。
（『AFP』2015年5月29日）

この報道を見てもわかるように、インドのような国では熱波によって貧困層や路上生活者の命が数多く失われている。ただ、国が把握しているのは病院に搬送されて死亡した人の数であり、そうなる前に路上で倒れて亡くなった人の数を含めれば、犠牲者はもっと増えるはずだ。

最後の3の「途上国特有の病気」に関してはたくさんある。すでに述べたコレラや赤痢といった病気以外にも、腸チフス、破傷風、黄熱病、デング熱、ジフテリアなど様々だ。

貧困地域での感染症としてよく指摘されるのがマラリアだろう。感染地域は一〇〇カ国以上あるとされているが、主な地域は東南アジアやアフリカの貧困地帯である。

マラリアは、蚊の一種であるハマダラカに刺されることによって発症する病気だ。ハマダラカは川の傍で夜間に活動することが多いため、町のインフラを整えて家の戸締りをきちんとしていれば防げるはずだが、スラムや路上には十分な設備がない。たとえば、川の傍にドアのないバラックを建て、蚊帳《かや》を使わずに雑魚寝をしていれば、感染リスクは桁違いに高まる。マラリアの感染者は全世界で年間二億四七〇〇万人、そのうち六一万九〇〇〇人が死亡している。

他に生き物を介して感染するものとしては狂犬病がある。狂犬病ウイルスを保有する犬（猫や猿なども）が人間を噛むことによってうつる病気だ。

日本でも昭和の半ばまでは狂犬病の被害があった。だが、一九五〇年に狂犬病予防法が施行されたことで野良犬を駆除したり、ペットにワクチンを打つことが義務化されたりし、一九五六年を最後に半世紀以上国内では確認されていない。

ところが、途上国では対策が遅れており、未だに狂犬病の被害が出ている。ウイルスを持った野良犬が人を襲い、感染させるという事態が起きているのだ。WHOによれば、狂犬病の被害に遭っている人は年間八〇〇万〜一〇〇〇万人に及び、うち五万九〇〇〇人が死亡している。

このように見ていくと、途上国に日本では聞き慣れない病気が蔓延しているのは、貧しさゆえに衛生状態が悪かったり、予防接種が浸透していなかったりするためであることがわかるだろう。日本では何十年も前に根絶された病気であっても、途上国では未だにそれで苦しんでいる人がいるのである。

日本　低所得者は三倍の死亡率

世界的に見れば、日本は途上国とは比較にならないくらい衛生的な環境にあり、国民の平均寿命も長い。だが、日本国内だけで考えてみると、**高所得層と低所得層との間に健康や寿命の格差が確実に存在する。**

日本における所得と寿命の関係性は、いくつかの研究から明らかにされている。たとえば日本福祉大学の研究グループが、六十五歳以上の人々を所得別に五段階に分けて死亡率を調査したことがあった。結果、高所得グループ（課税対象の合計所得二〇〇万円以上、年金受給なら年三二〇万円以上）の男性は死亡率が一一・二％だったのに対し、低所得グループ（老齢福祉年金や生活保護受給レベル）の男性死亡率は三四・六％にまで達した。

所得による健康格差は、高齢者だけでなく、若者を含めた他の世代にも見られる事象だ。図表25（224ページ）は、病院の患者を生活保護受給者と、国民健康保険などの患者に分けた結果である。ここでは「糖尿病」「肝炎など」「統合失調症など」の三つに分類しているが、すべてにおいて生活保護受給者の方が高い割合になっている。つまり、低所得者の方が明らかに体を壊しやすいのだ。

図表25　患者数の主傷病別構成割合

主傷病	入院患者		外来患者	
	生活保護	国保など	生活保護	国保など
糖尿病	2.2%	1.9%	5.1%	3.5%
肝炎など	1.2%	0.7%	1.5%	0.6%
統合失調症など	34.4%	13.7%	5.5%	1.0%

出所：厚生労働省「平成20年患者調査」

生活習慣からくる健康被害についても同じことがいえる。図表26は、年収別に喫煙習慣の割合を比較したものであり、男女ともに低所得者の方が喫煙率は高くなっている。日本では煙草が原因でがんになる人の数は年間に九万人といわれているし、がん以外の健康被害もあることを考えれば、高所得者より低所得者の方が喫煙によって体を壊しているといえるだろう。

ホームレスに目を移すと、こうした傾向はさらに著しくなる。たとえば、ホームレスが感染しやすい病気に結核がある。結核は結核菌によって引き起こされる感染症で、日本の検診における発見率はわずか〇・〇一七％だ。しかし、ホームレスを対象とした検診では、活性型結

図表26　現在習慣的に喫煙している者の割合(男女別)

			① 200万円未満		② 200万円以上 400万円未満		③ 400万円以上 600万円未満		④ 600万円以上		①vs④	②vs④	③vs④
			人数	割合又は平均値	人数	割合又は平均値	人数	割合又は平均値	人数	割合又は平均値			
喫煙	現在習慣的に喫煙している者の割合	男性	337	34.3%	810	32.9%	613	29.4%	925	27.3%	★	★	
		女性	529	13.7%	911	9.6%	646	6.6%	1,001	6.5%	★		

出所:厚生労働省「平成30年 国民健康・栄養調査結果の概要」

核の発見率が八・五%、不活性型結核が三・八%に上る。実に二〇〇～五〇〇倍になるのだ。

背景にはホームレスの人たちの免疫力や衛生状態の問題がある。日本では三食をとって家で暮らしていれば普通はならない病気でも、野外で暮らしていれば感染してしまうのだ。

また、ホームレスが負う怪我にも特徴が見られる。東京都墨田区のホームレスの患者を積極的に受け入れてきた病院の医師によれば、脳挫傷の件数が有意に多いそうだ。原因は二つで、一つはアルコール依存の人たちが転倒して頭を打つケース、もう一つはホームレス同士のケンカで負傷するケースだという。

東京の山谷でホームレスなど生活困窮

者の看護をしている女性は、次のように語っていた。

「お金のある人たちは、自分の体を大事にする傾向にあります。健康に気をつかい、まめに検査に行き、リスクを避けようとする。反対に、ホームレスなど生活に困っている人たちは自分を大切にしない言動が目立ちます。『生きてたって仕方ない』『自分なんてどうだっていい』と言って、体の具合が悪くてもお酒を飲みつづけるとか、もらった薬を飲まないといったことがあるのです。もちろん、お金がないから病気になりやすいとか、病院にかかれないといったこともありますが、それ以上に彼らの自暴自棄な生活態度が健康に害を及ぼしているように思います」

たしかに喫煙率などを見ると、自ら高い金を払って健康を壊している面があることは否めない。そう考えると、**貧困によって心がすり減らされ、自分を大切にできなくなって病気や怪我のリスクが高まる**という側面もあるのだろう。

途上国　病気になっても治療を受けられない

どんなに健康な人でも、いつかは大きな病気にかかるものだ。感染症もあれば、悪性腫瘍もある。心臓や血管の病気もあるだろう。

途上国の絶対的貧困の中では、人々がそうした病気になったにもかかわらず、医療機関へアクセスできないということが起こりえる。それは次のような事情によるところが大きい。

・医療保険に加入していないので高額な医療費が払えない。
・国が行っている無償の医療が十分ではない。

どこの国であっても、医療には高額な費用がかかる。一般的には個人が負担をすることが難しいため、医療保険の制度を利用することになる。ただ途上国では医療保険の制度が整っていなかったり、制度はあっても貧困層の人々には加入する余裕がなかったりして、実質的に機能していないことが少なくない。

そこで多くの途上国では、国や自治体が経営する公立の病院が無料の診療を提供している。お金がない人にも、医療を受ける権利を保障しているのだ（富裕層は、有料ではあるが、医療レベルやサービスの良い私立病院を利用する）。

だが、こうした病院はいろんな課題を抱えている。国や自治体から割り当てられる予算が少ないため、満足な医療が提供されているとは言い難いのだ。

まず医師や看護師の給料が安い上に、人数も不足している。入院設備や医療機器も劣っており、他病院との連携もとれていない。そのため、病院の前には常に長蛇の列ができていて、ひどい場合には炎天下の中で二日も三日も待って（大抵は野宿）、ようやく五分程度の診察が受けられるといったことがある。

また、これらの病院は、貧困層の人たちが気軽に来られる場所ではない。これまで見てきたように、スラムには近隣の小国からやってきた人々が多数暮らしている。彼らも公立の病院にかかることはできるが、実際には言葉や宗教の問題が壁となって立ちふさがる。

かつてタイにあるミャンマー難民のための病院で働く医師と話をした際、こんなことを教えられた。

「タイに暮らすミャンマー難民は人里離れた村や山に住んでいる人たちが結構います。そうしたところから病院へ行くにはお金も時間もかかるので、貧しい難民には負担が大きいのです。それに地元の病院へ行ったとしても、タイ語をちゃんとしゃべれないので症状を適切に説明することができません。そのため、タイ人の医者の方も、ミャンマー難民が来ると迷惑そうな顔をすることが多い。こうしたことから、ミャンマー難民は体調がおかしくても、なかなか病院へ行こうとしないのです」

医療機関は、患者が何かあった時にすぐにアクセスできて、診察を受けられる場所でなければならない。それが物理的にも、サービス的にも足りていないのだ。

さらに、医療機関で診察を受けた後の課題もある。公立の病院ではごく基本的な診察や治療は無料であっても、外科手術を受けるだとか、難病に効く薬を服用するなど本格的な治療に関しては別に費用がかかることが珍しくない。ここまでは無料だけど、これ以上の検査や治療は有料という線引きがはっきりしているのだ。これでは重い病気になった人に適切な治療を施すことができない。

そのため、途上国によってはは安価なコピー薬の流通を認めている。世界に流通している薬のほとんどは、先進国の製薬会社が特許を持っているために価格が高く、スラムの人々にとってはまったく手が届かない。国はそうした矛盾を解決すべく、特許の切れたジェネリック薬だけでなく、特許が残っている新薬の成分を真似て作ったコピー薬の販売を許しているのだ。

たとえば、インドでは一部の条件を満たせば、コピー薬の製造が認められており、正規の値段の数十分の一の価格で買えるような仕組みになっているし、別の国がそうした薬を輸入して流通させていることもある。自国の貧困層の人々の健康を守るために特別な対応をしているのである。

とはいえ、これはこれで医薬品の流通の秩序を乱すことになり、別の問題を生じさせる。よくあるのは、民間業者が政府の認めている範囲外でコピー薬を密造することだ。

エチオピアの市場を訪れた際、高価なはずの薬が驚くほどの安価で売られているのを見かけた。現地の人に確認したところ、次のような答えが返ってきた。

「この市場で安く売られている薬のほとんどが、偽物のコピー薬だよ。効果がまったくないものもあるし、逆に有害で体に害があるようなものもある。それでも、薬がほしいと思っている人は、こういう安価な薬に手を出すんだよ」

途上国では、市場に出回った偽薬によって多数の人が死亡したという事件がしばしば起こる。政府の認めたコピー薬だけでなく、劣悪な薬が流通しているためだ。

こうした事情も反映してか、貧困層の人々の中には科学的な薬を当てにせず、薬草などを用いて作られた伝統薬を愛用する人も少なくない。特に地方から来たばかりの人や、年配の人たちはそうだ。

アジアでもアフリカでも、市場を歩き回っていると、いろんな伝統薬が売られているのを見かけるだろう。これを買う人たちは、科学的な薬より、昔から慣れ親しんだ伝統薬を信頼しているのだ。

伝統薬は漢方のようなものであり、痛みを和らげるとか、血圧を下げるといった多少の効力はあるにせよ、抗がん剤のような大きな病気を根本から治癒するような力は期待できない。とはいえ、多くの利用者と接していて感じるのは、**伝統薬には治療だけでなく、人と人とのやさしいつながりを生み、患者の心に安定をもたらす効果があ**

るということだ。

たとえば、スラムに末期がんの患者がいたとしよう。公立の病院へ行ったところで、がんと診断されるだけで、手術や抗がん剤治療を受けられるわけではなく、バラックにもどってロキソニンのような痛み止めを飲みながら死を待つことになるはずだ。医師も看護師も金がなければ、それ以上のことは何もしてくれない。

だが、伝統薬に頼る人は、それを扱う薬師と直にかかわる機会がとても多くなる。インドで出会った薬師は、自分の客である路上生活者を定期的に訪れていた。体調を尋ねる、土産を渡す、家族と雑談をするといったことをしていた。営業というわけではなく、厚意でやっているようだった。

私はそんな薬師に、なぜそこまで面倒を見るのか、と尋ねた。彼はこう答えた。

「病気の人を心配するのは当たり前のことじゃないか。俺が作った薬を使ってくれている以上、どんなことがあっても最後まで付き添うぞ。それが薬師の役割なんだ」

薬師と患者の間には、公立病院では実現できない人と人との温かな関係性がある。不治の病になった人であれば、そちらの方をありがたく感じるだろう。貧困層の人たちの中には、そうしたものを求めて伝統薬を使いつづけている者もいるのである。

日本 人によって異なる医療費三割負担の重荷

世界の中でも、日本は「国民皆保険制度」を実現している稀有な国だ。

国民皆保険制度とは、すべての日本人が公的医療保険（社会保険や国民健康保険）に加入し、国内の病院であれば最大三割負担で医療が受けられる制度のことである。

これ以外にも、日本には高額療養費制度がある。一カ月分の医療費が一定の額を超過した場合、その差額分を負担してもらえるというものだ。たとえば七十歳未満の低所得者が、月に八〇万円の医療費がかかった場合、自己負担は三万五四〇〇円で済む。ちなみに、負担金額は所得によって異なり、上位所得者（月の所得が五三万円以上）の場合は一五万三〇〇〇円の負担になる。

とはいうものの、低所得層の人々にとって三割負担は安い金額ではない。一日の食費を一〇〇〇円以下に抑えようとしている人たちにとって、病院での診察や薬に二〇〇〇円も三〇〇〇円も支払う余裕がないのは明らかだ。

そのような生活困窮者の中には、経済的な事情から病院での受診を控える者もいる。調査によれば、低所得・低資産（年間世帯収入三〇〇万円未満、かつ純金融資産三〇〇万円以下）の人々のうち三九％が、「一年以内に経済的な理由で体調が悪いにもかかわらず病院へ行かなかったことがある」と回答している。同じ理由で、病院で受診したにもかかわらず、薬を処方してもらわなかった人も一六％に及ぶ。

生活困窮者の支援をしている看護師はこう語る。

「患者さんが病院での診察を避けるのは、お金の問題に加えて、心の問題もあると思うんです。長く貧しい生活をする中で、不都合なことから目を背《そむ》ける癖がついているとか、長生きすることにこだわっていないとかいったことです。彼らになぜ病院に来なかったのかと尋ねて、よく返ってくる答えが『面倒臭かった』とか『悪くなったらそれまでだと思ってた』です。経済的事情に加えてこうした気持ちが、彼らを病院から遠ざけているのではないでしょうか」

仮に本人がいくら病院にかかりたくないと思っていても、急病で倒れたり交通事故に遭ったりすれば、本人の意思とは別に病院に緊急搬送されることになる。そこで出てくるのが、入院費・治療費の未払いだ。治療は受けたものの、支払いができなくなるのだ。

日本病院会が五五九の病院に調査をしたところ、未収納の合計額は六二億円にもなったそうだ。一病院当たり一〇〇〇万円以上の未収金がある計算だ。患者が未払いの理由としてあげた一番が「生活困窮」であり、九六・五％に上ったという。

このことは、**日本には三割負担の医療費さえ支払うことが厳しい人々が一定数いる**

ことを示している。いくら高額療養費制度があったとしても、貯金がゼロで、手取り十数万円で生活している人にとって、数万円の医療費は払えるものではない。三割負担の重さは、人によってまったく異なるのである。

途上国 「死体乞食」で最期を迎える

いつか人間は死を迎える。それはすべての人間が等しく受け入れなければならない運命だ。

しかし、その人が亡くなった後に、どのように遺体が処理されるかは平等ではない。**その人の経済力によって、埋葬の仕方に違いが出る**のだ。

途上国のスラムや路上で闘病している人がいれば、家族やコミュニティーの人たちが看病をする。そして、その人が死去すれば、家族やコミュニティーの人たちが死後の始末を行うことになる。

どの国であっても、遺体を埋葬するには多少なりとも費用が発生するものだ。火葬する場合は、薪代、棺代、埋葬代などがかかる。土葬の場合にも、遺体の搬送、お清め、穴掘りなどにチップが必要だ。

絶対的貧困層の人たちにとって、これらの費用は大きな負担だ。たとえばネパールでは薪を使って火葬をしようとすれば数万円かかり、廃タイヤを使用する安価な火葬でも数千円は必要となる。あるいは、パキスタンの公営墓地で土葬をしようとしたら、墓地までの搬送費や、穴掘り担当者への謝礼として数千円はかかる。

よくインドでは薪代のない貧しい人たちはガンジス川に焼かずに捨てるといったことが語られる。たしかに私自身、ガンジス川で焼かれずに浮かんでいる遺体を目にしたことは何度もある。

しかし、全体的にはそうしたことはごく稀だ。家族など周りの人たちは、亡くなった人の尊厳を守り、できるだけ丁寧に葬ろうとする。故人や家族に貯金がなかった場合は、親戚や友人からカンパを募るとか、知人に金を借りるなどして自分たちができる範囲の葬儀を行う。

ただ、町から町を流浪している人や、路上生活者は自力では必要な金を用意することができない。では、どうするのか。次の事例は、私がバングラデシュで出くわしたものだ。

●バングラデシュの寄付

ダッカの路上で年配の女性が亡くなった。駅の裏側で数人の知人とともに暮らしていた路上生活者だった。

イスラーム教では、死後二十四時間以内に土葬する決まりになっており、公立の霊園への埋葬費は無料だが、棺代や運搬費用は遺族が負担しなければならない。だが、彼女の知人たちだけでは支払うことができないし、金を借りる目途も立たなかった。

そこで知人たちは、駅の近くにゴザを被せた遺体を置いて、道行く人に「葬儀代を下さい」と手を合わせた。通りがかった人たちは哀れに思い、次々とお金を渡した。意外なことに、同じく駅裏で寝泊まりしている路上生活者までが、なけなしのお金を出していた。

数時間で、日本円にして二〇〇〇円ほどの額が集まった。知人たちはその金でリキシャの運転手に遺体の搬送を頼み、墓地では穴掘り担当者に二メートルほどの穴を掘ってもらい、きちんと埋葬した。


このように世間の人たちに慈悲を乞うことで埋葬代を集めることができるのだ。ところで、なぜ金に困っているはずの路上生活者までもがやってきて、寄付をしてくれたのか。関係者はその理由を次のように説明した。

「路上に暮らしている人は、みんな明日は我が身だと思っている。事故や病気でいつ死ぬかわからないからね。だから、彼らは同じような境遇の人たちが困っていれば、少しでもできることをしておくんだ。そうすれば、いざ自分が死んだ時に、周りの人たちが援助してくれるからね」

途上国の相互扶助システムの根底にあるのは、自分がつらい状況に陥った時に助けてほしいという気持ちだ。それがあるからこそ、彼らは多少の無理をしてでも他人に手を差し伸べようとする。

だが、こうした人々の善行が悪用されるケースもある。インドのムンバイに滞在していた時、私は右記の例と同じように路上生活者が仲間の遺体を台車に乗せている光景にでくわした。彼らは道行く人の袖をつかみ、「葬儀代がありません。寄付してください」と頼んでいた。人通りが多かったため、大勢の人たちが金を渡していた。

しばらく見ていると、その一団は遺体を乗せた台車を引いて歩きだした。必要な額が集まったので埋葬しに行くのだろうと思ってついていったところ、今度は別のところで同じように寄付を募りはじめた。それまで集めた金は懐に隠し、まったくお金がないようなふりをして喜捨を求めたのだ。

私はそれを見て背筋が寒くなった。遺体を見せて埋葬代を懇願すれば、多額の寄付が集まる。彼らは遺体を利用して必要以上に金儲けをしていたのである。

この時に通訳として雇った人物は、次のように話していた。

「路上生活者みんながあんなひどいことをするわけじゃない。でも、路上に暮らす人間の中には、借金でどうにもならなくなっていたり、悪い薬をやって頭がおかしくなっていたりする連中がいる。そういう奴らは、今その場で金を手に入れることしか考えていないから、とんでもないことでも平気でするんだ」

私が確認した限り、彼らは遺体が傷んで褐色になるまで台車を引いて物乞いをしていた。彼らがどんな事情を抱え、どんな気持ちでやっていたのかは知る由もない。

日本 豊かな国でどう死ぬか

現在、**日本で起きている孤独死は、毎年三万件**と推計されている。

一時代前まで、孤独死には高齢の独居者がアパートで人知れず亡くなるイメージがあった。だが、最近は少し様相が違ってきている。

東京では孤独死の件数は増加の一途をたどっており、二〇二〇年の統計では二三区だけで年間四二〇〇人を数えている。だが、図表27を見てみると、四十歳くらいから徐々に増えてきて、六十代でピークを迎えているのがわかるだろう。必ずしも高齢者だけではなくなっているのだ。

孤独死は、貧困と無縁ではない。私は以前、孤独死保険の取材をしたことがある。あらかじめ孤独死が起きそうな物件に保険をかけておいて、孤独死が起きたらその保

図表27　男女・年齢階級別の自宅住居死亡単身世帯者数

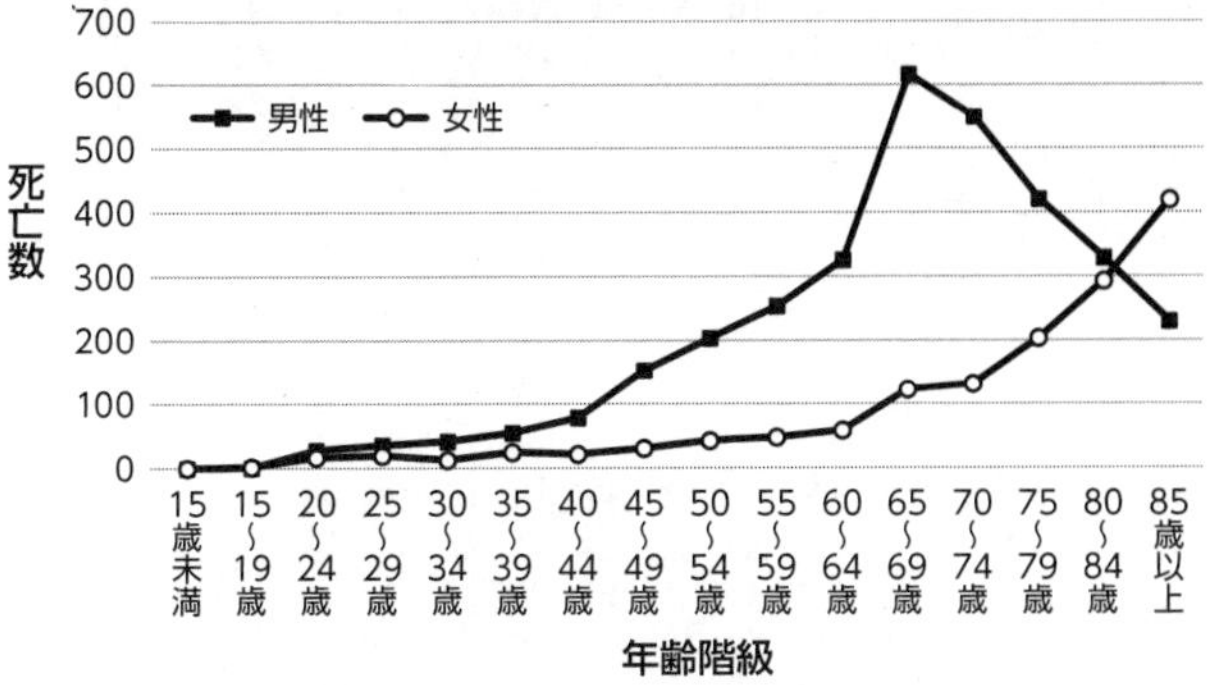

出所：東京都監察医務院「東京都監察医務院で取り扱った自宅住居で亡くなった単身世帯の者の統計（平成29年）」

険によって傷んだ遺体の撤去から部屋の特殊清掃までを賄《まかな》うのだ。

特殊清掃会社の社長は次のように話していた。

「高齢者の孤独死は、お金があってもなくても起こります。しかし、中年以下の孤独死の場合は、八割以上は経済的に困っていただろうと思われる方ですね。ワンルームのアパートで、家具もほとんどなく、冷蔵庫も空同然で、おそらくは正社員として働いていなかったんだろうなという方です。現役世代の場合は、普通は社会につながっていたり、定期的に連絡を取る人がいたりするので、自宅で突然死したところで何週間も発見されないということが起きにくいんです。そうなるということは、その人が社会との接点がなかったということなのです」

彼は遺族に聞いたという事例を教えてくれた。

●**若者の孤独死**

将也は、三十代半ばの男性だ。彼は高校を中退してから、関西から東京に居を移して一人暮らしをしてきた。最初は水道関係の会社で正社員として肉体労働をしていたのだが、三十代になってまもなく膝の怪我をして会社を辞めて以来、いくつかの日雇いの仕事を転々とするようになった。

関西出身だったので、将也には都内に信頼できる人間がいなかった。また仕事場もコロコロと変えていたため、プライベートを一緒に過ごす知人もいなかった。

将也は独り身の寂しさを紛らわすためか、かなり酒を飲んでいたようだった。おそらくそれが祟《たた》って脳梗塞か心筋梗塞を起こしたのだろう、トイレで倒れたきり、誰に気づかれることもなく死亡した。

彼の死が発覚したきっかけは、遺体が腐敗して悪臭が漂いはじめたことだった。鍵が閉まっている部屋から臭いがするということで、保証人に連絡が入ったのである。それで確認のために入ってみると、トイレに遺体があった、腐敗して原形を留めていなかったという。

この例からわかるように、低所得の人たちは仕事をしていても、雇用形態や勤務形態から孤立しているケースが少なくない。家で急死しても、それを確かめる人がいないのだ。それゆえ、発見が遅れることになる。

もう一つ、目を向けなければならないのが、身寄りのない生活困窮者の埋葬についてである。

一般的に、日本で独居やホームレスの人が亡くなれば、自治体が親族に連絡をして事情を話し、遺体の引き取りを依頼する。親族が承諾すれば、彼らが自腹を切って葬儀から埋葬までを執り行う。

ところが、自治体から連絡を受けた親族の方が、遺体の引き取りを拒否することがある。生前に故人との関係が悪かったり、経済的に引き取る余裕がなかったりするケースが大半だ。こうなると、自治体自らその遺体の処理をしなければならなくなる。

この際、自治体は契約している地元の葬儀会社に業務を委託するが、一人当たりの予算は決まっている。地域によって差があり、一、二級地（東京二三区などの大きな町）なら大人が二〇万一〇〇〇円、小人が一六万八〇〇〇円、三級地（地方の小さな町や村）だと大人が一七万五九〇〇円、子供が一四万七〇〇〇円となっている。業者はこの金額ですべてを行わなければならない。

だが、現実的にはこの金額で葬儀から火葬、そして納骨までを行うのは難しい。葬儀会社の社員は次のように語る。

「国から出るお金でできるのは、せいぜい直葬と呼ばれる簡単な葬儀を行って火葬するところまでです。直葬というのは、お寺に依頼せず、ＤＶＤなどで録音したお経を流してスタッフが手を合わせるだけの葬儀ですね。火葬場は火葬の金額は決まっているために値引きはできません。なのでご遺骨にするまでが私たちの役割となります」

問題は、遺骨の埋葬だそうだ。

「ご親族がご遺骨だけでも引き取ってくれればいいのですが、それを拒否されると、自治体や我々の方で埋葬場所を探さなければなりません。これが難しいのです。

自治体が公営の霊園を所有していれば、そこの無縁塚に無償で納めることになります。それがない場合は、民間のお寺さんなどに頼むしかありません。無償、あるいは格安で引き取ってもらい、そこの無縁塚に入れるのです。

厄介なのは、引き取り手がいない場合、火葬にしたご遺骨をすぐには無縁塚に納められないことです。新たに引き取り手が出てくる可能性を考慮して、二年なら二年、五年なら五年と一定期間保管しなければならない。この期間は自治体によって違います。問題は、その期間誰がどこでご遺骨を保管しておくかということなのです」

自治体の持っている霊園に遺骨の安置所があればいい。だが、そうでなければ、次のうちどちらかの方法をとることになる。

・葬儀会社が無償で預かる。

・自治体が保管する。

前者は、自治体から依頼を受けた葬儀会社が、無縁塚への埋葬の日まで遺骨を預かるということだ。

これは葬儀会社にとっても苦渋の決断だ。こうした仕事の受注を増やしたければ、葬儀会社は自治体から良い顔をしておいた方が得だ。遺骨を預かっておけば、自治体からサービスが手厚いと思われ、同様の仕事の依頼が舞い込みやすくなる。

葬儀会社の負担は、遺骨の保管スペースだ。遺骨の数が一つ二つであれば、事務所のどこかに置いておくことができるが、それ以上の数になるとそうはいかなくなる。そのため、最初は空いているスペースに置いていたものが、だんだんと手狭になり、専用の保管場所を借りるか作るかしなければならなくなる。

後者は、自治体が葬儀会社から遺骨を引き取って保管するということである。

自治体が直面するのも保管スペースの問題だ。最初は役所内の空いている部屋やロッカーに置いていても、数が増えればそうはいかなくなる。自治体が新たにスペースを設ける場合、大抵は自治体の所有地を利用する。未使用の古い公民館だとか、廃校になった学校などに移動させるのだ。私が取材したケースでは、役所の敷地内にプレハブを建てて、そこに何十という遺骨を置いていた。

先の葬儀会社の社員は次のように語る。

「あまり言いたくありませんが、自治体と葬儀会社がご遺骨の押し付け合いをしているようなものですよね。一度かかわってしまったら、どちらかが引き受けなければならなくなります。亡くなった人にとっては、尊厳もへったくれもありませんが、それが現実なのです」

現場の人ならではの本音だろう。

生活困窮者とて人間である。生前何かしらの理由で仕事がうまくいかなくなったとはいえ、死後も遺骨をたらい回しにされ、挙句の果てに物置場や廃校に埃《ほこり》をかぶって何年も放置されるなどということはあってはならない。

だが、残念ながら、今の日本ではそうしたことが現実に起きてしまっている。これが、世界第三位のＧＤＰを誇りながら、世界ワースト四位の相対的貧困国日本の実相なのである。

今後格差が拡大していく中で、このような場当たり的な対応がどこまで通用するのか。根本から日本の制度を見直さなければ、明るい未来は見えてこないだろう。

おわりに

途上国の絶対的貧困の人々と、日本の相対的貧困の人々を比較することで、「貧しさとは何か」ということについて考えてきた。

日本で貧困問題が語られるようになって久しいが、未だに「途上国に比べれば日本はマシ」という言葉が出てくるのが現状だ。だが、貧困という言葉は同一であっても、国や地域によって表出する問題はまったく違う。

もし日本の貧困を本気で改善したいなら、日本の貧困の本質を正確に理解しなければならない。そのためには、途上国の状況と比べることで、日本の貧困の実態がどのようなものであるかを把握することが手近でわかりやすい。本書を著した目的は、まさにそこにある。

ここまで読んできた読者は、どのような読後感を抱いているだろうか。おそらく一人ひとりの中で貧困に対する考え方、見方が立体的になってきたのではないかと思う。

日本は、児童虐待、教育格差、不登校、人工妊娠中絶、家庭内暴力、孤独死など貧

困とかかわる多様な課題を抱えている。それらの大半は、人がコミュニティーから切り離され、制度に依存することによって、孤立するところからはじまっているといえるだろう。物理的な貧しさからは脱却したはずなのに、精神的な貧しさの中で悲劇が起きているのだ。

このことを思う時、私は一つの言葉を思い出す。今から四十年ほど前に日本を訪れたマザー・テレサが、バブル経済に浮かれている日本人に投げかけた言葉だ。


飢えとは食物がない、ということではありません。

愛に飢えるのも、飢えです。

老人や身体障害者や精神障害者やたくさんの人が誰からも愛されないでいます。

この人たちは、愛に飢えています。このような飢えはあなたの家庭にもあるかもしれません。

家庭に老人がいるかもしれません。病人がいるかもしれません。

この人たちにほほえみかけたり、一杯の水をあげたり、いっしょに座ってしばらく話をしたりすることで、あなたは神への愛を示すことができるのです。

日本のような豊かな国にも、このような飢えを感じている人がたくさんいます。

人間の愛とはどんなものか忘れてしまった人たちがたくさんいます。

誰も愛してくれる人がいないからです。

ですから、さっそく実行しましょう。愛の喜びを周囲の人々にあげるように。

まず家庭で、それから隣近所の人々へ。


（中井俊已『マザー・テレサ　愛の花束』ＰＨＰ文庫）


この言葉は、日本という国が抱えている問題の核心をついているといえる。

現在、国が取り組んでいる貧困対策は、物理的な支援に主眼が置かれている。だが、いくら税金を投入して制度を手厚いものにしても、心が満たされるとは限らない。今やらなければならないのは、社会からこぼれ落ちた人たちが本当に何を必要としているのかを的確に見抜き、寄り添うことなのだ。

未来の日本のために、私たちは何をすべきなのか。

本書を手掛かりに、個々がその答えを見いだしてくれれば嬉しい。

二〇二三年七月

石井光太

著者紹介

石井光太（いしい　こうた）

1977年東京都生まれ。作家。世界の物乞いや障害者を追った『物乞う仏陀』（文藝春秋）でデビュー。主な著書に、『絶対貧困』『浮浪児1945－』『「鬼畜」の家』『43回の殺意』『こどもホスピスの奇跡』（以上、新潮文庫）、『ルポ 誰が国語力を殺すのか』（文藝春秋）、『本当の貧困の話をしよう』（文春文庫）など。他に児童書、小説、脚本の作品も多い。

HP：https://kotaism.com

MAIL：postmaster@kotaism.com

PHP文庫　世界と比べてわかる
日本の貧困のリアル

2023年8月15日　第1版第1刷

著　　者　石井光太
発 行 者　永田貴之
発 行 所　株式会社PHP研究所
東京本部　〒135-8137　江東区豊洲5-6-52
ビジネス・教養出版部　☎03-3520-9617(編集)
普及部　☎03-3520-9630(販売)
京都本部　〒601-8411　京都市南区西九条北ノ内町11

PHP INTERFACE　https://www.php.co.jp/

制作協力
組　　版　株式会社PHPエディターズ・グループ

印 刷 所
製 本 所　図書印刷株式会社

ISBN978-4-569-90326-2